Literaturverlag Josefine Rosalski, Berlin 2023

Ulrike Rauh

Theater laden ein

Historie und Anekdoten weltberühmter Opernhäuser und Theater

edition ♦ karo, Berlin 2023

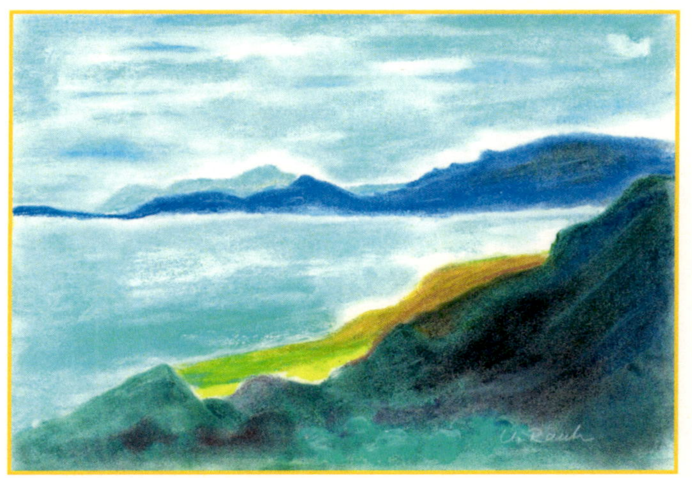

Meer bei Palermo, Ulrike Rauh

Inhalt

Teatro alla Scala
Mailand
Der Auftritt des Dichters

In großer Schönheit hat sie der Maler dargestellt: Maria Callas. Immer wieder betrachte ich dieses Bild im Museo Teatrale alla Scala. Ich entdecke es im Saal sechs. Hier erwarten den Besucher Künstler des 20. Jahrhunderts, die vielen in guter Erinnerung sind, wie etwa Renata Tebaldi oder Rudolf Nurejew.

Maria Callas und die Scala – zwei untrennbare Namen. Hier feierte sie ihre größten Triumphe, wurde von ihren Fans *La Divina (Die Göttliche)* genannt. Zum ersten Mal trat sie 1950 als Aida in diesem berühmtesten Opernhaus Italiens auf. Insgesamt war sie zehn Jahre der Star der Scala, stieg zur *Primadonna Assoluta* auf, wurde umjubelt als Medea, Tosca, Violetta in der Oper *La Traviata* und als Norma. Dieser Figur fühlte sie sich sehr verbunden und sang sie fast neunzig Mal. Sie gestand einmal, der Norma sehr ähnlich zu sein. Der Regisseur Luchino Visconti bekannte, dass er die *Traviata* allein für sie inszenierte, ja, dass er ihr dienen wollte. Pier Paolo Pasolini, der mit ihr in der Titelrolle den Film *Medea* drehte, sah in ihr eine der modernsten Frauen und zugleich eine Frau der Antike, voller Geheimnisse und Magie.

Ihre einzigartigen Erfolge auf der ganzen Welt ließen sie jedoch launenhaft werden. Sie sagte Proben kurzerhand ab oder erschien gar nicht, verlangte extrem hohe Gagen. Unvergessen ist der »Rom-Skandal«. Im Jahr 1958 gab es zu Ehren des italienischen Staatspräsidenten in Rom eine Galavorstellung der *Norma* mit Maria Callas in der Titelrolle. Die berühmte Arie *Casta Diva (Keusche Göttin)*, die keine andere Sängerin so großartig interpretieren konnte wie sie, misslang ihr an diesem Abend. Sie brach die Vorstellung daraufhin ab. Der Präsident musste mit seinen Begleitern wieder nach Hause gehen. Feindseligkeiten und Hass schlugen ihr nach diesem Verhalten entgegen. Für Skandale sorgte nicht nur Maria Callas. Ricardo Muti verließ die Scala wegen Auseinandersetzungen über den Nachfolger von Intendant Fontana. Auch Barenboim verließ zwei Jahre vor Vertragsende die Scala wegen Differenzen mit dem neuen Musikdirektor.

Schon 1598 gab es in Mailand ein Theater, den »Salone Margherita«, der 1708 abbrannte. Weil noch im gleichen Jahr ein neues, allerdings sehr kleines Theater errichtet wurde, baute man aus Holz 1717 ein größeres, das »Regio Ducale Teatro«, das 1776 ebenfalls abbrannte. Die Beleuchtung bestand aus Kerzen, und vielleicht wurden sie nicht so sorgfältig gelöscht, als man eilig das Parkett von den wenigen Sitzplätzen für die Maskenbälle des Karnevals räumte, der sofort nach der letzten Opernaufführung begann. Zur damaligen

Zeit lauschte man nicht aufmerksam einer Aufführung, sondern unterhielt sich, lief hin und her, hat gegessen und getrunken, weshalb es nur wenige Stühle gab.

Auch jetzt drängte man auf einen raschen Wiederaufbau. Der Mailänder Adel erklärte sich bereit, die Kosten zu übernehmen, wenn als Gegenleistung die Spender Besitzer der Logen werden. Unter dem Architekten Giuseppe Piermarini sollte nun ein Theater aus Stein gebaut werden. Piermarini hatte einen eher schlichten klassizistischen Bau entworfen. Eine Vorhalle bildet den Eingang. Darüber reiht sich eine schmucklose Fensterreihe. Das Giebelfeld ziert der Sonnenwagen Apolls. Nach nur knapp zwei Jahren Bauzeit wurde das Theater, das zunächst *Nuovo Regio Ducal* hieß, im Frühjahr 1778 fertiggestellt. Erst später erhielt es den Namen *Teatro alla Scala* in Anlehnung an die Kirche Santa Maria della Scala, deren Abriss die Kaiserin Maria Theresia genehmigt hatte, da ja Platz für das große neue Theater gebraucht wurde. Auf den Adel hatte man Rücksicht genommen. Die reichen Familien, die fast jeden Abend ins Theater gingen, begaben sich in luxuriös ausgestattete Logen mit Vorhängen, die man schließen konnte. Das ermöglichte eine sehr private, intime Atmosphäre, was die Fantasie der Parkettbesucher beflügelte. Die Loge war für ihre Besitzer das zweite Wohnzimmer. Was auf der Bühne geschah, hatte keine große Bedeutung. Meist wurde in den Logen Kaffee gereicht, Eis gegessen oder Karten gespielt. Im Parkett, das für weniger betuchte Besucher gedacht war, gab es Platz für über sechshundert Personen, aber weiterhin nur wenige Sitze wegen des jährlichen Karnevals. Auch in diesem neuen Gebäude war das Treffen mit Freunden wichtiger als das Geschehen auf der Bühne – und die Sänger mussten das Stimmengewirr der Besucher ertragen.

Die Einweihung der Scala fand am 3. August 1778 mit Antonio Salieris Oper *L'Europa riconosciuta* statt.

Im Zweiten Weltkrieg erlitt die Scala schwere Schäden. Nur das Foyer, der Zuschauerraum und die Außenmauern blieben stehen. Das Theater wurde jedoch rasch wieder aufgebaut. Mit einem Konzert unter der Leitung von Arturo Toscanini konnte es 1946 bereits erneut eröffnet werden. Allerdings hatte man beim Wiederaufbau beträchtliche Fehler gemacht, sodass es jetzt zu einem Abriss des Opernhauses kam, trotz einer Unterschriftensammlung, welche die Primaballerina Carla Fracci ins Leben rief, und trotz mehrerer Prozesse, in denen man sich für den Erhalt der Scala eingesetzt hatte. Zwei lange Jahre musste die Scala ihre Türen schließen. Der Schweizer Architekt Mario Botta schuf jetzt eine moderne Bühnentechnik und ließ Foyer und Zuschauerraum nach dem Vorbild von 1778 renovieren. 2004 konnten im Opernhaus erneut Aufführungen stattfinden. Zur Eröffnung gab es wieder Salieris Oper *L'Europa riconosciuta,* die Riccardo Muti dirigierte. Zweitausend Gäste aus europäischem Hochadel und berühmte Persönlichkeiten hatte man dazu eingeladen. Eine Eintrittskarte kostete zweitausendvierhundert Euro.

Ich besuche in der Scala heute ein Brahms-Konzert. Im Foyer verbreiten Leuchter und weiße Säulen mit goldenen Kapitellen eine festliche Atmosphäre. Große Büsten berühmter Musiker schmücken die Wände.

Erwartungsvolle, festliche Stimmung verspüre ich im Parkett, als ich meinen Platz einnehme. Ich blicke auf Stühle mit rotem Samt bezogen, schaue hinauf zu den Logen und Galerien, auf die Grisaille-Dekoration der Decke mit dem hell strahlenden Kronleuchter in der Mitte der Kuppel. Das elegant gekleidete Publikum blättert im Programmheft oder nickt lächelnd zu Freunden und Bekannten. Während weitere Besucher ihre Plätze einnehmen, erinnere ich mich an die Anekdote, die mir einmal meine Mailänder Freundin Chiara erzählt hatte. Ihre Mutter, eine begeisterte Opernbesucherin, erlebte einen ganz besonderen Auftritt des Dichters Gabriele D'Annunzio während einer Aufführung in der Scala.

Zu Beginn der Pause erhob er sich von seinem Platz, wandte sich mit großer Geste zum Publikum und begrüßte es. Die Zuschauer applaudierten begeistert. Da schlug D'Annunzio mit erhobener Stimme vor, dass alle »Unser Gabriel!« rufen sollten. Tatsächlich erscholl durch das Theater der Ruf »Unser Gabriel!«. Daraufhin warf der Dichter mit theatralischer Geste seinen weißen Handschuh ins Parkett, als wäre er eine kostbare Gabe.

»Die Besucher der Scala gehen nicht nur wegen der Aufführungen ins Theater«, hatte mir Chiara dann erklärt. »Die Oper ist auch Ort für Klatschgeschichten, Gelegenheit, um sich selbst zu zeigen oder seine neue

Begleiterin oder eine gewagte Garderobe. Immer jedoch war sie Treffpunkt der mondänen Gesellschaft.«

Für D'Annunzio jedenfalls war seine Selbstdarstellung ein voller Erfolg, geht es mir durch den Kopf.

Ich verlasse die Oper, werfe noch einen Blick auf den Spielplan, lese Giuseppe Verdi. Mit seinen Werken begann der Siegeszug der Italienischen Oper um die Welt. Seine ersten Opern wurden an der Scala aufgeführt. Als er jedoch erkannte, dass der Komponist selbst Inszenierung und Ausstattung mitgestalten müsse, fand er an der Scala dafür kein Verständnis und verließ sie. Erst vierundzwanzig Jahre später kehrte er wieder zurück. Im Programm zu *Die Macht des Schicksals* war vermerkt, dass er bei jeder Probe anwesend gewesen war und die Regie in seinem Sinn geführt werden sollte.

Teatro San Carlo
Neapel
Spielhölle im Foyer

Heute hat mich mein Spaziergang ins Spanische Viertel geführt. Bei meinem Bummel in der Via Toledo stoße ich auf einen roten Palast, den Palazzo Barbaja. Domenico Barbaja war ein italienischer Impresario und Opernintendant, der von 1816 bis 1822 gelebt hat. Zwei Namen, die eng mit Neapels wunderbarem Teatro San Carlo verbunden sind.

Zur Piazza del Plebiscito ist es nicht weit. Nachdenklich blicke ich auf die klassizistische Fassade dieses Theaters, das als das älteste Opernhaus Europas gilt, denn es wurde 41 Jahre vor der Scala und 55 Jahre vor dem Fenice erbaut.

Der Bourbonenkönig Karl III. wünschte für Neapel ein neues Theater, nachdem das Theater San Bartolomeo langsam zerfiel. Außerdem wollte er mit einem Neubau auch seine Macht als König demonstrieren. Er beauftragte den Architekten Giovanni Medrano und den früheren Direktor des San Bartolomeo, Angelo Casarale. Medrano plante neben einem großen Zuschauerraum sechs Ränge mit 184 Logen sowie eine

Königsloge, in der zehn Personen Platz haben würden. Am 4. November 1737, dem Namenstag des Königs, fand die Eröffnung des San Carlo mit der Oper *Achille in Sciro* von Domenico Sarras statt, der sein Werk selbst dirigierte. In den Pausen gab es noch zusätzlich zwei Ballettaufführungen. In den folgenden vier Jahren kamen unter dem Impresario Casarale auf Wunsch des Königs, der neapolitanische Musik und Tanz liebte, vor allem neapolitanische Opern zur Aufführung. Unter dem nachfolgenden Impresario Tufarelli gab es auch Werke von Christian Bach und Willibald Gluck.

1809 begann ein neues Kapitel in der Geschichte des San Carlo. Nun übernahm Domenico Barbaja die Leitung des Theaters. Der aus Mailand stammende neue Impresario hatte in seiner Heimatstadt nach kurzem Schulbesuch zunächst als Kellner in verschiedenen Cafés gearbeitet. In dieser Zeit kreierte er ein Kaffeegetränk, dem er Schokolade und Sahne hinzufügte, das sogenannte »Barbagliata«, das ihn berühmt machte – wahrscheinlich die Geburtsstunde des Cappuccino. Im Foyer der Scala florierte um diese Zeit das Glücksspiel. Damals war das Theater nicht nur ein Ort von Aufführungen, sondern, das wohl vor allem, Treffpunkt der Gesellschaft, die sich in den Foyers zu Kartenspiel und Roulette traf. Als Croupier erwarb sich Barbaja bald so viel Geld, dass er die Betriebserlaubnis für das San Carlo kaufen konnte, welches er sofort umbauen ließ. Er beauftragte damit den Architekten Antonio Niccolini, der die Fassade erneuerte und mit Elementen der Antike versah. Für den Portikus ließ er sich von der Mailänder Scala inspirieren. Das San Carlo wurde nun zum Wahrzeichen der Stadt. Mit Barbaja, dem »König der Theaterdirektoren«, begann in Neapel die Ära der großen Aufführungen. Er holte Sänger und Komponisten an die Stadt am Golf. Gleichzeitig wuchs sein Vermögen, und er erwarb sich jenen Palazzo in der Via Toledo, in dem er viele Künstler wohnen ließ. Außerdem besaß er eine Villa im Viertel Mergellina und ein Sommerhaus auf Ischia.

Am 13. Februar 1816 verwüstete ein Brand das Gebäude. Barbaja versprach dem König, das Theater sofort wieder aufzubauen, und betraute Niccolini mit der Rekonstruktion. Der Architekt bewahrte die ursprüngliche Hufeisenform im Zuschauerraum, die später gebauten Theatern in Italien Vorbild war, und fügte Elemente des Neoklassizismus hinzu. Bereits nach sechs Monaten waren die Bauarbeiten abgeschlossen und drei Monate später konnte die Wiedereröffnung mit Simon Mayrs Oper *Il sogno di Partenope* gefeiert werden.

Dem Impresario war es dank seiner guten Beziehungen zum König und dank seines Reichtums – auch im San Carlo war er am Glücksspiel beteiligt – gelungen, dieses Theater zum bedeutendsten Opernhaus Europas zu machen. Er beauftragte Komponisten, speziell für diese Bühne Opern zu schreiben. So holte er zum Beispiel den 24-jährigen Rossini von Venedig nach Neapel. Die quirlige Stadt, die Lebensfreude der Menschen und vor allem das gute Essen hielten Gioachino Rossini vom Komponieren ab. Deshalb soll Barbaja zu einer drastischen Maßnahme gegriffen haben. Es sperrte den jungen Komponisten in seinem Zimmer im Palazzo so lange ein, bis die Oper fertig geschrieben war. Immerhin habe Rossini jeden Tag einen Teller Maccheroni erhalten. Nicht nur die Stadt Neapel gefiel Rossini, sondern auch Barbajas Geliebte, die Primadonna Isabella Colbran. So blieb er insgesamt acht Jahre in Neapel, wurde künstlerischer Direktor und schrieb in dieser Zeit neun Opern, darunter *Otello* und *Zelmira*. Schließlich heiratete er Isabella und zog mit ihr nach Wien. Der Impresario suchte daraufhin Ersatz für Rossini. Er engagierte Donizetti, der zehn Jahre am San Carlo blieb.

Barbaja hatte auch die Gabe, junge noch nicht berühmte Komponisten nach Neapel zu holen, zum Beispiel Vincenzo Bellini.

Es wird erzählt, dass der junge Bellini, der noch als Student am Konservatorium von Neapel die Oper *Bianca e Fernando* für das San Carlo schrieb, eilig eine Theaterprobe verlassen musste, um im Konservatorium ein Examen abzulegen. Der Direktor verzichtete jedoch darauf mit der Bemerkung, dass der junge Komponist bald vor sehr viel strengeren Prüfern bestehen müsse, nämlich vor dem Publikum des San Carlo.

Auch für seine Ballettaufführungen erlangte das Theater große Bedeutung. 1812 wurde in Neapel eine Ballettschule gegründet, die als die älteste Italiens gilt. In den folgenden Jahren verlor das San Carlo an Bedeutung. Die Mailänder Scala galt nun als die größte Bühne nicht nur Italiens.

Inzwischen wurde das San Carlo gründlich saniert. Die Wiedereröffnung fand genau 150 Jahre nach der Einheit Italiens statt. Gleichzeitig erhielt die Öffentlichkeit Zugang zum Theaterarchiv, und es wurde ein

Theatermuseum errichtet. Im Archiv werden Originalpartituren aus drei Jahrhunderten gezeigt, außerdem Kostüme und Bühnenbilder. Im Museum wird dem Besucher moderne Kunst vorgestellt. Da das Theater regelmäßig zeitgenössische Künstler beauftragt, Kostüme und Bühnenbilder zu entwerfen, kann man ein Bühnenbild von Giacomo Manzù für *Macbeth* und von Anselm Kiefer für *Elektra* sehen. Zudem gibt es einen Kinosaal und eine Multimedia-Galerie. Dort besteht die Möglichkeit, Inszenierungen des Theaters anzuschauen.

Ich habe Glück, die Tür des Theaters steht offen. Ich frage die Dame an der Kasse, ob ich das Theater besichtigen könne. Langsam steige ich die Treppe hinauf in den ersten Rang und setze mich auf einen mit rotem Samt bezogenen Sessel in einer der Logen. Ich werfe einen kurzen Blick auf die Bühne und betrachte dann bewundernd den in Rot, Gold und Silber gehaltenen Zuschauerraum. Das Theater erstrahlt in neuem Glanz! Ich betrachte die weißen Brüstungen der Ränge, verziert mit Amorini und Kugelleuchten. Das Gemälde an der Decke zeigt Apollo, der Minerva die großen Dichter der Welt vorstellt. Über dem Bühnenbogen leuchtet das Wappen des Königreichs beider Sizilien. In der Mitte befindet sich das Schild des Hauses Bourbon, was auf die lange Geschichte des Theaters hinweist. Jetzt erst wandert mein Blick hinab auf die roten Samtsitze im Parkett und schließlich zur Bühne, wo gerade eine Probe für Verdis Oper *I Lombardi alla prima Crociata (Die Lombarden auf ihrem ersten Kreuzzug)* stattfindet. Immer wieder müssen junge Standartenträger von der Bühnenrückwand nach vorn laufen. Ich blicke hinüber zur prunkvoll gestalteten Königsloge, über der eine mächtige Krone thront und zu deren Seiten je eine Palme in die Höhe ragt. Ich muss plötzlich an Caruso denken, den berühmtesten Sohn Neapels, den größten Sänger seiner Zeit. Hier stand er nur zweimal auf der Bühne: Einmal in der Oper *Manon*, einmal im *Liebestrank*. Wegen schlechter Kritik schwor er sich, nie wieder im San Carlo aufzutreten. Und er hielt diesen Schwur. Seine bevorzugte Oper wurde die Metropolitan Opera in New York.

Heute tritt im San Carlo ein anderer Star-Tenor auf. Im Dezember 2021 sang Jonas Kaufmann den Otello in Verdis gleichnamiger Oper unter großem Beifall des Publikums. Für ihn ging damit ein Traum in Erfüllung. Er empfand diese Aufgabe als eine Herausforderung, da es für ihn das Höchste bedeutete, den Otello im San Carlo zu singen, wie er in einem Interview gestand.

Ich verlasse das Opernhaus und schlendere hinüber in die Galleria Umberto, trinke einen Cappuccino in einer der Bars und denke noch einmal an all die Komponisten und Sänger, die im Teatro San Carlo ihren großen Auftritt hatten.

Gran Teatro La Fenice di Venezia
Ein Phönix liebt Opern

Der mythische Vogel Phönix verbrennt an seinem Lebensende. Aus seiner Asche erhebt er sich zu neuem Leben.

Wie der Phönix aus der Asche steht das »Gran Teatro La Fenice« am Campo San Fantin. Seine Geschichte ist auch eine Geschichte von Bränden, ausgerechnet in einer Stadt, die auf Wasser gebaut, von Wasser umgeben ist.

Der Phönix ziert die dunkle Eingangstür des schmalen weißen Gebäudes. Stolz breitet er seine Flügel aus, wendet den Kopf nach rechts in Erwartung der Besucher seines Theaters, das nach ihm benannt ist, denn »Fenice« ist der italienische Name für den Phönix.

Das Opernhaus wirkt eher schlicht wie auch der Balkon, der auf vier Doppelsäulen mit korinthischen Kapitellen ruht. Eleganz verbreitet das Foyer. Hier zieren ionische Kapitelle die hellen Säulen. Das Licht zahlreicher Leuchter spiegelt sich auf dem Boden. Festliche Atmosphäre empfängt das Publikum im Zuschauerraum. Rot gepolsterte Sessel und Stühle reihen sich im Parkett eng aneinander. In vier Rängen mit reich verzierten Logen glitzern die Leuchter, überstrahlt vom funkelnden Kronleuchter an der blauen Decke, die ebenfalls mit Stuckverzierungen und verschiedenen Gemälden ausgeschmückt ist. Hier schweben allegorische Figuren wie die Morgenröte oder die drei Grazien. Genau gegenüber der Bühne befindet sich die Königsloge mit üppigen Schnitzereien. Hier begegne ich auch wieder dem Phönix. Gleich zweimal schmückt er die Brüstung.

Als Napoleon 1807 beabsichtigte, das Fenice zu besuchen, sollte für ihn eine herausragende Loge errichtet werden. Sechs Logen mussten deshalb für den Bau einer Kaiserloge weichen.

Als im Jahr 1848 die Republik Venedig entstand, entfernte man die Kaiserloge wieder und baute die sechs Logen wieder ein. Doch dann fiel Venedig an Österreich – eine neue Kaiserloge wurde benötigt. Als Venedig Teil des Königsreiches Italien wurde, genügte die Umbenennung in Königsloge. Diesen Namen durfte die Loge bis heute behalten.

Ein prunkvoller Treppenaufgang führt zu den »Sale Apollinee«, deren Name an die frühere Dekoration erinnert, welche den Gott Apoll darstellte. Diese Säle haben verschiedene Bezeichnungen und sind auch unterschiedlich gestaltet. Hohe Spiegel, Kronleuchter, ein Intarsien-Fußboden und bodenlange geraffte Vorhänge findet man im »Salon«, moderne Gemälde in der »Sala Dante«. In diesen Sälen traf sich einst die Oberschicht Venedigs, heute finden hier Konzerte statt. Sie werden außerdem bei Opernaufführungen während der Pausen genutzt und auch als Proberäume für die Musiker und Sänger.

Das Teatro Fenice blickt auf eine abwechslungsreiche Geschichte zurück. Im 18. Jahrhundert gab es in Venedig sieben Musiktheater, das bekannteste war das »San Benedetto«, das 1773 abbrannte. Eigentümer des Grundstückes war die Familie Venier, das Theater selbst gehörte einer Gesellschaft. Zwischen beiden kam es zu einem Rechtsstreit, den die Gesellschaft verlor. Sie beschloss daraufhin ein neues Theater zu bauen. Aus diesem Anlass wurde ein Wettbewerb ausgeschrieben, wobei es zu hitzigen Debatten über die Gestaltung des Theaters kam. Schließlich wurde dem Architekten Gian Antonio Selva der Auftrag erteilt, was zu heftigen Protesten führte. Letztendlich fand man eine Lösung: Selvas heftigster Konkurrent erhielt den Geldpreis, Selva den Auftrag. Im Jahr 1790 begannen die Bauarbeiten. Am 18. Mai 1792 konnte das Theater eröffnet werden, das nun in Anspielung auf den Brand »La Fenice« hieß. Dieser Name lässt aber auch erkennen, dass viele Mitglieder der Gesellschaft Freimaurer waren, für die der Phönix das Symbol der Wiedergeburt ist. Zur Eröffnung wurde die Oper *I giuochi di Agrigenti* von Giovanni Paisello aufgeführt, einem damals 52-jährigen Komponisten, der bis zu diesem Zeitpunkt schon siebzig Opern geschrieben hatte, die heute alle in Vergessenheit geraten sind.

Im Jahr 1836 kam es erneut zu einem Brand. Die Schäden konnten jedoch rasch beseitigt werden. Und das Theater vermochte seinen Ruf, eine der bedeutendsten Bühnen Europas zu sein, beibehalten. Die Werke der berühmtesten Komponisten der damaligen Zeit kamen im Fenice zur Uraufführung wie Rossinis *Tancredi*. Bellini schrieb für das Fenice die Oper *Capuleti e i Montecchi*. Vor allem Verdis Name ist mit dem Fenice eng verbunden. Im Auftrag dieses Theaters komponierte er die fünf Opern *Ernani* (1844), *Attila* (1846), *Rigoletto* (1851), *La Traviata* (1853) und *Simone Boccanegra* (1857).

Vom Zweiten Weltkrieg wurde das Fenice kaum betroffen. Es fanden weiterhin Opernaufführungen und Konzerte statt.

Im Februar 1996 brannte während Renovierungsarbeiten das Theater bis auf Selvas Fassade fast vollkommen ab. Es war ein selbstverschuldeter Brand. Ein Elektroingenieur und sein Cousin legten Feuer, weil wegen Verzögerung der Arbeiten eine Geldstrafe drohte. Die beiden wollten nur einen kleinen Brand legen, doch das Feuer breitete sich rasch aus und konnte nicht gelöscht werden, da die Kanäle zu diesem Zeitpunkt trockengelegt waren, um sie von all dem Unrat zu reinigen. Die Verwaltung hatte dem Bürgermeister schon Monate vor der geplanten Aktion einen Brief geschrieben, erst dann damit zu beginnen, wenn eine andere Wasserquelle gefunden wurde, falls es irgendwo zu einem Brand käme. Doch dieser Brief wurde nicht beantwortet, wie auch ein zweiter nicht.

Da man noch eine Vielzahl von Fahrlässigkeit aufgedeckt hatte, kam es zu einer Bürgerversammlung, bei der Ludovico de Luigi, ein prominenter Maler Venedigs, auch bekannt für seine Happenings, seinem Zorn freien Lauf ließ. Er schleuderte das Wort »Schande!« in den Raum und rief nach Verantwortung. Ich hatte diesen Künstler vor vielen Jahren kennengelernt und seine Gemälde mit einem gewissen Befremden betrachtet. Den Hochaltar in einer Kirche ersetzte er durch ein Maschinenrad, die Säulen durch Pipelines. Wenn ich mich mit ihm und seinen Freunden auf der Punta della Dogana, der Kirche Santa Maria della Salute, zum Frühstückspicknick traf, genossen wir die Stille der Lagune, den einzigartigen Blick auf die Paläste. Riesige Kreuzfahrtschiffe gab es damals noch nicht. Keiner von uns ahnte, dass Ludovicos Bilder, die ein von Hochwasser, Technologie, Umweltverschmutzung und Kommerz bedrohtes Venedig zeigten, einmal der Realität so nahekommen würden. Seine Alpträume, seine Visionen scheinen sich zu verwirklichen.

Um den Wiederaufbau des Theaters gab es erneut heftige Diskussionen. Auch jetzt wurde ein Wettbewerb ausgeschrieben, den der Architekt Aldo Rossi gewann. Er beabsichtigte eine originale Rekonstruktion, allerdings sollte die Technik modernisiert werden. Der Zuschauerraum, der ursprünglich 900 Plätze hatte, wurde um 176 Sitze erweitert. Am 14. Dezember 2003 konnte der Konzertsaal mit einem Konzert des Orchestra del Teatro Fenice unter der Leitung von Riccardo Muti eröffnet werden. Am 12. November 2004 gab es die erste Opernaufführung. Lorin Maazel dirigierte

Verdis *La Traviata*. Rossi erlebte den Wiederaufbau nicht mehr. Es gab zu lang andauernde Verzögerungen bei dem Neubau wegen ständiger juristischer Streitigkeiten.

Das Fenice empfiehlt inzwischen seinen Gästen, ehe sie eine Aufführung besuchen, die Kleiderordnung zu lesen, die es erlassen hat, wie auch die Scala in Mailand. Bei der Eröffnung der Opern- und Konzertsaison wird von den Herren der Smoking erwartet, von den Damen langes Abendkleid. Bei Premierenvorstellungen genügt für den Herrn ein schwarzer Anzug mit schwarzer Krawatte, für die Damen das Kleine Schwarze. Bei Vorstellungen am Nachmittag sind Jeans, Hemden und T-Shirts erlaubt. Wer ärmellose T-Shirts und Shorts trägt, erhält keinen Zutritt. Der Eintrittspreis wird nicht ersetzt.

Nicht nur das Neujahrskonzert in Wien begeistert viele Zuhörer und Zuschauer, auch das Neujahrskonzert im Fenice, das seit 2004 zum Jahreswechsel stattfindet. Während die Wiener Philharmoniker Johann Strauß-Melodien bevorzugen, erklingt im Concerto di Capodanno di Venezia Musik von Bellini, Rossini, Leoncavallo und natürlich Verdis *Va pensiero* aus dem *Nabucco* und das Trinklied aus *La Traviata*. Krimifreunde, die nach dem Neujahrskonzert aus Venedig noch etwas in der Lagunenstadt verweilen wollen, greifen dann vielleicht zu Donna Leons erstem Roman *Venezianisches Finale*, dessen Schauplatz das Gran Teatro La Fenice di Venezia ist.

Teatro Massimo
Palermo
Agatas Geist spielt immer mit

Noch zögere ich. Nachdenklich betrachte ich das weiße Gebäude, die großen aufgespannten Sonnenschirme davor. Schließlich betrete ich die »Antica Pasticceria Mazzara dal 1909«. Hier schrieb der italienische Schriftsteller Tommaso di Lampedusa in wenigen Monaten seinen Roman *Der Leopard*, dessen weltweiten Erfolg er jedoch nicht mehr erlebte. Fast jeden Tag war er hierher zum Schreiben gekommen. Ich blicke auf weiße Wände, dunkle Stühle. Ein modernes Caffè mit langer Theke und einer Vitrine, gefüllt mit köstlichen Törtchen und Kuchen im Überfluss. Was hatte ich erwartet? Samtbezogene Stühle, antike Spiegel und Leuchter? Ein Foto an der Wand, schon etwas vergilbt, zeigt vielleicht das Caffè wie es zu Zeiten Lampedusas aussah. Ein bisschen werde ich an das Caffè Florian in Venedig und an das Pedrocchi in Padua erinnert.

Ein älterer Herr mit dichtem weißen Haar und lächelnden dunklen Augen fragt mich, ob ich Lampedusa suche. Was für eine Formulierung, denke ich!

»Darf ich Sie zu einem Espresso einladen?« Er fragt mich etwas scheu, ist sich aber doch sicher, dass ich nicht Nein sagen werde. »Sicher haben Sie den Roman *Il Gattopardo*, wie er bei uns in Italien heißt, gelesen.«

»Ich habe auch den Film mit Burt Lancaster als Fürst Salina gesehen«, erwidere ich erfreut und erkläre Vincenzo, wie sich mein neuer Bekannter mir vorgestellt hat, dass die Übersetzung von *Gattopardo* im Deutschen *Ozelot* heiße, aber *Leopard* als Titel besser klinge. Da gesteht er, das sei ihm bekannt, denn er habe italienische und deutsche Literatur studiert und schreibe, jetzt im Ruhestand, weiterhin Artikel für Fachzeitschriften. Mit gewissem Bedauern erzählt er mir dann, dass Lampedusa, dessen vollständiger Name Giuseppe Tomasi Herzog von Palma und Fürst von Lampedusa laute, keinen Verleger für seinen Roman gefunden hatte. Erst nach seinem Tod erkannte ein Lektor des Verlags Feltrinelli, welch großartiges Werk auf seinem Schreibtisch lag. Dann fragt er mich, ob ich denn schon das Teatro Massimo besucht habe.

»Eigentlich bin ich auf dem Weg dorthin. Das Mazzara war sozusagen der Auftakt.«

»Das Massimo kann man besichtigen. Ich würde es Ihnen gern zeigen.«

Wir gehen die wenigen Schritte hinüber zur Piazza Verdi, auf der sich das größte Opernhaus Italiens befindet. Langsam steigen wir die Freitreppe hinauf, die von zwei Löwen bewacht wird.

»Diese Löwen gefielen dem Architekten des Theaters überhaupt nicht«, bemerkt Vinzenco schmunzelnd.

»Sie wirken sehr abweisend«, stelle ich fest und blicke dann auf die sechs korinthischen Säulen des Portikus. »Diese Vorhalle erinnert mich sehr an einen griechischen Tempel.«

Da erläutert mir Vincenzo, dass der Architekt Giovanni Basile bei der Gestaltung der neoklassizistischen Außenfassade sich von den griechischen Tempeln in Selinunt und Agrigent inspirieren ließ. Das Aufstellen der schweren Steinblöcke beim Bau des Theaters hatte große Schwierigkeiten bereitet.

»Sehen Sie die Inschrift über dem Portal? Sinngemäß steht dort, dass die Kunst die Völker erneuere und ihnen das Leben offenbare. Das Theater soll für die Zukunft offen sein.«

»Von wem stammt dieser Spruch?«

»Das weiß man leider nicht. Es gibt zwar die Vermutung, es könne der Philosoph Vincenzo Gioberti oder der Literat, Bürgermeister und Senator von Palermo, Francesco Paolo Perez, gewesen sein, aber es bleibt ungewiss.«

Über dem Gebäude sehe ich eine gewaltige Kuppel. Wie ich von Vincenzo erfahre, ist diese Kuppel so konstruiert, dass sie sich bewegen lässt.

Nun betreten wir das in hellem Rot gehaltene Foyer, das durch die dunklen Halbsäulen an den Wänden auf mich sehr streng wirkt. Zwei hohe Bronzekandelaber verstärken noch diesen Eindruck. Jetzt erst werfen wir einen Blick in den Zuschauerraum, der, wie im San Carlo in Neapel, in Hufeisenform angelegt ist und für etwa 1300 Personen Platz bietet. Fünf Ränge und eine Galerie klettern hinauf zur Kuppel. Das Gemälde dort stellt ein großes Rad dar, das einer Blume gleicht. Die elf Blütenblätter lassen sich mithilfe von Seilen öffnen, sodass die Hitze im Zuschauerraum entweicht und frische Luft einströmen kann. Zwischen den einzelnen Segmenten ist das Fresko »Triumph der Musik« zu sehen. Vincenzo macht mich nun auf die Königsloge aufmerksam, die von zwei Leuchterfiguren eingerahmt wird.

»Die mahagonigetäfelten Wände, die vielen Spiegel, das Blumendekor an der Decke und die mit rotem Samt bezogenen Sessel verleihen der Loge festliche Atmosphäre. Prunkstück ist der Leuchter aus Murano.«

»Der rote Vorhang über der Loge lässt sie wie eine kleine Bühne aussehen.«

Vincenzo lacht. »Dann werden die Besucher zu Akteuren! Hier, weiter rechts, gibt es die Bellini-Loge, die nach einem der ältesten Mitglieder des Bellini-Clubs so genannt ist. An den Wänden kann man deren Fotos sehen. In dieser Loge ist nur für achtzehn Personen Platz. Der Architekt hat außer diesem Zuschauerraum, den wir »Sala Grande« nennen, das Theater mit weiteren Sälen ausgestattet.

Wir betreten die »Sala Pompeiana«, die kreisförmig angelegt ist. Der blaue Fries an der Decke verleiht dem Raum etwas Würdevolles.

»Er war ursprünglich dem Adel vorbehalten und diente als Raucherzimmer. Er wird auch Echo-Raum genannt, denn je weiter man in die Mitte gelangt, desto lauter werden die Worte, die man ausspricht.«

Wir probieren das sofort aus, und ich bin verblüfft über diesen Effekt.

»Die »Sala Pompeiana«, ergänzt mein Theaterführer,

»wird vor allem für Ausstellungen und private Essen genutzt.«

Rasch werfen wir noch einen Blick in den »Sala degli Stemmi« (»Wappensaal«), der wie ein Salon des 19. Jahrhunderts aussieht. Da an den Wänden Wappen adeliger Familien angebracht sind, erhielt er diesen Namen. Wie ich erfahre, finden hier Treffen statt, Gala-Diners und auch musikalische Veranstaltungen.

Langsam verlassen wir dieses große Theater.

»Achten Sie auf die Stufen. Sie könnten sonst bei der »Stufe der Nonne« ins Stolpern geraten!«

Verständnislos blicke ich zu Vincenzo. Um eine ernsthafte Miene bemüht erzählt er mir, dass ein Gespenst durch das Theater wandere. Es sei die Heilige Agata, deren Kirche wegen dem Bau des Massimo abgerissen wurde. Es könnte aber auch die Mutter Oberin des Klosters »San Francesco delle Stimmate« sein, das ebenfalls dem Erdboden gleichgemacht wurde. Unruhig und leise seufzend ziehe sie nun hier durch die verschiedenen Säle. Einmal soll sie auch einer Sängerin schon erschienen sein.

»Und das soll ich glauben?«

»Selbstverständlich. Das gehört doch zum Teatro Massimo dazu. Kennen Sie übrigens das Marionettentheater hier in Palermo? Das sollten Sie auch besuchen.«

»Spukt es dort ebenfalls?«

»Gehen Sie einfach hin und erzählen Sie mir dann, was Sie gesehen oder erlebt haben.«

Vincenzo überreicht mir seine Visitenkarte. Ich bedanke mich ganz herzlich für seine Führung einschließlich der Gespenstergeschichten.

Etwas ermüdet setze ich mich auf einen der grauen, unbequemen Sitzblöcke auf der Piazza Verdi und lese in meinem Reiseführer über die Geschichte des Teatro Massimo nach, durch das mich Vincenzo so anschaulich geführt hatte.

Auf Veranlassung des Bürgermeisters von Palermo, Antonio Starrabbà di Rudinì, wurde 1864 ein internationaler Wettbewerb für den Bau eines Theaters ausgeschrieben. Es sollte groß und großartig werden, jetzt, wenige Jahre nach der Einheit Italiens. Der renommierte Architekt Giovanni Battista Filippo Basile bekam den Auftrag, einen Entwurf anzufertigen. Nach längerer Überlegung, wo der Bau entstehen sollte, entschied man sich für den Abriss mehrerer christlicher Kirchen. 1874 begannen die Bauarbeiten, wurden jedoch acht Jahre lang nicht fortgesetzt. Nach Basiles Tod 1891 setzte sein Sohn Ernesto, ebenfalls Architekt, das Werk seines Vaters fort. Mehr als zwanzig Jahre nach der Grundsteinlegung konnte das Theater 1897 mit Verdis Oper *Falstaff* schließlich eröffnet werden.

Wegen Renovierungsarbeiten wurde 1974 das Theater geschlossen. Aufgrund finanzieller Probleme und Korruption, wobei auch die Mafia ihre Hand im Spiel hatte, dauerte die Schließung dreiundzwanzig Jahre. Das Theater verfiel zusehends. Erst 1996 begann man mit der Sanierung, die bereits nach einem Jahr beendet werden konnte. Dank den Anstrengungen von Leoluca Orlandeo, dem Bürgermeister Palermos und Bekämpfer der Mafia, fand die Wiedereröffnung am 12. Mai 1997 wieder mit einer Oper Verdis statt, dieses Mal mit *Nabucco*.

»Am Abend der großen Wiedereröffnung kamen die Bürger Palermos zu Tausenden. Es war kein Premierenpublikum, und es war ihnen egal, ob sie noch hineinkamen oder nicht. Es war ihnen genug, einfach dabei zu sein bei der Wiedergeburt dieses großartigen Bauwerkes.«[1]

Während der 23 Jahre dauernden Schließung war jedoch einmal ein Zutritt möglich. Der Regisseur Francis Ford Coppola drehte im Treppenhaus und in der Sala Grande die Schlußszene des Films *Pate III*.

Im Jahr 2000 wurde im Teatro Massimo die UN-Konvention gegen das internationale Verbrechen verkündet. Das Massimo gilt seither als Symbol für die Kultur des Rechts und Bekämpfung der Mafia.

Auch wenn in den folgen Jahren das Theater immer wieder wegen Geldmangel mit großen Problemen zu kämpfen hatte, so scheint doch inzwischen eine gewisse Stabilität eingetreten zu sein. Der Spielplan ist vielfältig, kündigt Werke von Richard Strauss und Hans Werner Henze an.

Noch einmal blicke ich hinüber zu diesem Theater, dessen vollständiger Name »Teatro Massimo Vittorio Emanuele« lautet, da es König Victor Emanuel II. gewidmet war, und gehe langsam vor zum Marionettentheater.

Teatro Argento Opera dei Pupi, Palermo

Schwertergeklirr bei Drehorgelmusik

Gegenüber dem Dom, in der Via Pietro Novelli, stehe ich vor einem der Puppentheater in Palermo. Auf der dunkelbraunen Tür steht links »Teatro Argento«, rechts »Opera dei Pupi«.

Erste Nachweise für das Marionettentheater, das seinen Ursprung in Sizilien hat, stammen aus dem 18. Jahrhundert, obwohl es Jahrhunderte früher schon Aufführungen gegeben haben soll. Geschichtenerzähler berichteten von den Heldentaten christlicher normannischer Ritter und Könige. Manchmal veranschaulichten sie ihre Erzählungen mit Bildern oder auch bereits mit Puppen. In der ersten Hälfte des 19. Jahrhunderts entstanden dann die Marionettentheater – zuerst in Acireale, dann in Catania und schließlich auch in Palermo. Sie erlangten bald große Berühmt- und Beliebtheit, weil sie vom Alltag ablenkten und außerdem für Unterhaltung sorgten.

Meist wiederholt sich der Inhalt der Theaterstücke, denn die Hauptpersonen sind Karl der Große und seine getreuen Gefolgsleute, die Paladine Roland und Oliver. Viele Stücke zeigen Begebenheiten aus dem *Rolandslied*, zum Beispiel die Kriegszüge Karls des Großen gegen die »Heiden«, die islamischen Sarazenen Nordafrikas, die seit dem 8. Jahrhundert Mittel- und Südspanien beherrschten. In diesen Dichtungen gibt es nur gute und böse Menschen. Tapfere Ritter bekämpfen böse Heiden. Auch eine schöne Prinzessin darf nie fehlen. Manche Marionettenspieler ergänzen die überlieferten Texte mit der »Tanzschlacht«. Dabei wird so heftig gekämpft, dass die Schlacht wie ein Tanz erscheint.

Die Marionetten sind von Hand hergestellte Holzfiguren, die bis zu 150 Zentimetern groß sind. Sie stellen, anders als Handpuppen, den ganzen Körper dar, können also auch die Beine bewegen. Sie tragen Kleidung, die von Hand hergestellt wird, fein verzierte Blechpanzer und Federn. Ihre Gesichter sind aus Pappmaché und werden bemalt. Fast immer ziert die Kämpfer ein schwarzer Bart. Der Marionettenspieler, ein Alleskönner, wird vom Publikum nicht gesehen. Er ist Intendant und Regisseur zugleich. Außerdem entwirft er das Bühnenbild und die Kostüme. Neben großem Fingergeschick muss er auch stark sein, denn die Marionetten werden nicht nur mit Schnüren, sondern auch mit Eisenstangen bewegt. Außerdem muss er eine kräftige Stimme haben. Kampflärm erzeugt der Spieler mit seinen Schuhen. Ein ganz wichtiges Element ist die Drehorgelmusik, die jede Aufführung begleitet.

Nach meinem Besuch im prächtigen Teatro Massimo nehme ich nun in einem großen Wohnzimmer Platz und blicke auf eine kleine Bühne mit buntem Vorhang darüber. Der Bühnenbogen ist bemalt mit Rittern in ihren Rüstungen. An den Seiten hängt jeweils eine Marionette. Die Wände dieses kleinen Theaters sind mit zahlreichen Fotos verziert. Drehorgelmusik füllt jetzt den Raum mit sehr hohen, durchdringenden und auch merkwürdigen Tönen. Sich lautstark unterhaltend nehmen die Besucher auf den harten Holzstühlen Platz. Gespannt warte ich mit ihnen auf den Beginn der Aufführung. Doch zunächst stellt sich der Besitzer des Theaters vor die kleine Holzbühne und erzählt den Inhalt des Theaterstücks, das nun vorgeführt wird. Die Ritter Orlando und Rinaldo lieben die schöne Angelica. Da auch Karl der Große in sie verliebt ist, schickt er die beiden in den Krieg gegen die Sarazenen. Langsam wird der Vorhang zur Seite geschoben. Ich blicke auf einen Wald und eine Burg. Furchterregende Krieger mit schwarzen Schnurrbärten, schwarzen Augen und bleichen Gesichtern tänzeln, befestigt an dunklen Eisenstangen, hektisch hin und her. Sie tragen silberne Rüstungen und mächtige Helme. In ihren Händen halten sie silbrig glänzende Schilde. Dramatisches Geschehen gipfelt in markerschütternden Rufen, nicht enden wollendem Schwertergeklirr und schriller Musik. Die Zuschauer klatschen enthusiastisch, feuern mit lauten Rufen die Kämpfer an. Alle Sarazenen liegen tot am Boden. Begeisterter Schlussapplaus und fröhliches Gelächter.

Dieses kleine Marionettentheater wurde 1893 von Vincenzo Argento gegründet. Gemeinsam mit seinen vier Söhnen hatte er nicht nur in Palermo gespielt, sondern ging auch in der Umgebung der Stadt auf Tournee. Heute ist Vincenzos Enkel der Leiter des Theaters. Jedoch ist die gesamte Familie an der Herstellung der Puppen, der Rüstungen und der Kleidung beteiligt. Die antike Tradition zu pflegen und weiterzugeben, ist das Lebensziel der Familie Argento.

Arena di Verona
Verona
Wird es regnen?

Errichtet wurde sie außerhalb der Stadtmauer in der zweiten Hälfte des 1. Jahrhunderts nach Christus. Heute befindet sie sich mitten im Zentrum der Stadt, umgeben von Restaurants, Caffès, Palästen und Läden. Ist Attraktion für Touristen aus der ganzen Welt. Verloren wirken die vier »Ala« genannten Bögen, Reste der Mauer, die einst die gesamte Arena umfasste. Bis Anfang des 5. Jahrhunderts fanden hier Gladiatorenkämpfe statt. Im Mittelalter wurde die Arena durch mehrere Erdbeben zerstört und von da an als Steinbruch benutzt. Erst 1569 beschloss die venezianische Regierung, die Arena zu renovieren, und begann mit der Erneuerung der Steinstufen. Es wurden 41 Ränge gebaut – auf einem davon werde ich heute Abend sitzen. Bald fanden auch erste Aufführungen der Commedia dell' arte statt sowie erste Konzerte. Die Arkaden nutzten damals Handwerker; auch Prostituierte fanden hier eine Unterkunft. 1913 wurden die Opernfestspiele gegründet und mit Verdis *Aida* eröffnet. Toscanini übrigens dirigierte nie in der Arena, denn er war überzeugt, dass man im Freien keine gute Musik machen könne.

Erste Besucher erkunden ihren Eingang. Die Arena bietet Platz für 1500 Zuschauer. Viele werden sich fragen, ob es heute Abend regnet. Ich betrachte den Himmel. Nein, heute wird es nicht regnen. Ein wolkenloser blauer Himmel vertreibt jeden Zweifel. Aufmerksam lese ich das Schreiben, das ich von der Fondazione Arena di Verona für die Vorstellung der Oper *Carmen* erhalten habe. Ich hatte dieses Jahr einen Platz auf den Steinstufen gewählt. Die Plätze dort oben seien sowieso die besten. Sie garantieren hervorragende Sicht und ausgezeichnete Akustik, wofür die Arena ja berühmt sei, verriet mir mein langjähriger Opernexperte in Verona, der mich eigentlich zum Abendessen eingeladen hatte. Aber diese *Carmen* dürfte ich mir keinesfalls entgehen lassen.

Ich schlendere an der Arena entlang, finde meinen Eingang, kaufe ein Kissen und beginne den Aufstieg zu den Steinreihen. Ich klettere immer höher, blicke ab und zu hinab auf die Bühne und setze mich dann zufrieden auf den harten Stein, gemildert durch mein Kissen. Mittelloge, denke ich und hole mein Opernglas hervor. Betrachte dieses Oval, das sich langsam füllt. Im Parkett ist Abendgarderobe vorgeschrieben, hier oben trägt man Jeans und T-Shirts. Vor vielen Jahren schoben sich noch Verkäufer mit prall gefüllten Körben durch die Reihen, riefen »panini, bibite, acqua, birra!«. Die meisten Besucher hatten jedoch Speisen und Getränke selbst mitgebracht. Heute werden von den Verkäufern nur noch Getränke angeboten.

Sanft legt sich ein dunkles Blau über den Sommerhimmel, Scheinwerfer flammen auf, tauchen die Ala in mildes Gelb. Dann erlöschen die Lichter, kleine helle Punkte tänzeln im Zuschauerraum, warten ungeduldig auf die Ouvertüre.

Als 1913 zum ersten Mal eine Oper in der Arena erklang, gab es noch keine Elektrizität. Besucher, die im Libretto das Geschehen von Verdis *Aida* mitlesen wollten, hatten Kerzen mitgebracht. Die Kerzchen, die man heute bekommt, sind eher eine liebenswürdige Erinnerung an jene Zeit, denn Texte lesen kann man mit ihrem schwachen Schein nicht, und sie verglühen sehr rasch.

Begeisterter Beifall braust durch die Arena nach der Ouvertüre. Und es beginnt ein Rausch von Farben, Musik und Bewegung auf der gesamten Bühne. Vor einer realistischen Kulisse drängen sich die Menschen, Kinder reiten auf Steckenpferden oder eilen vorbei an den Arbeiterinnen der Zigarettenfabrik. Auf der Bühne ist alles in Bewegung, kaum vermag ich Details wahrzunehmen. Der Höhepunkt der Inszenierung ist in den vierten Akt verlegt. In die Arena von Verona wurde die Arena von Sevilla eingefügt. Auf hohen Tafeln werden die Toreros in ihren prächtigen Kostümen dargestellt. Reiter traben über die Bühne, wechseln in den Galopp. Siegessicher treten die Picadores auf, dann erscheint Escamillo, der stolze Torero. Das Publikum klatscht begeistert. Glanzvoll gekleidete Tänzer zeigen eine mitreißende Sevillana, einen Paartanz aus Andalusien. Dann blicken die Zuschauer auf eine leere Bühne mit nur zwei Personen: Carmen und José. Ein düsteres Rot überzieht die Steinreihen hinter der Bühne, breitet sich weiter und weiter aus – die Arena von Verona blutet. Kurzes Atemanhalten, dann tosender Applaus.

Braucht es dazu wirklich einen Claqueur? Es wird erzählt, dass es diesen Herrn mittleren Alters, stets gut gekleidet, tatsächlich gibt. Er habe seinen festen Platz im Rang. Ehrenamtlich fördere er den Applaus nach den großen Arien sowie am Ende eines jeden Aktes. Er organisiere angeblich den Beifall. Die leidenschaftlich applaudierenden Besucher neben, vor und hinter mir brauchen keinen Claqueur. Ihr spontanes Klatschen und ihre lauten Bravo-Rufe sind für mich Ausdruck grenzenloser Freude und Begeisterung.

Die Reihen lichten sich nach und nach. Noch benommen von dieser rauschhaften Inszenierung, klettere ich vorsichtig die Stufen hinab und bin überrascht, wie schnell sich jetzt die Arena leert. Doch das bunte, laute Theater findet seine Fortsetzung auf der Piazza Brà. Die Theaterbesucher drängen in die Caffès und Restaurants, lassen bei Gesprächen und Wein diese eindrucksvolle Aufführung unter der Regie von Franco Zefirelli ausklingen.

Abwechslungsreich wie seine Inszenierungen verlief auch sein Leben. Seine Eltern waren verheiratet, aber nicht miteinander. Als uneheliches Kind kam er in Florenz 1923 zur Welt. Sein Vater handelte mit Stoffen, seine Mutter, eine große Verehrerin Mozarts, war in der Modebranche tätig. Ihren eigenen Nachnamen konnte sie ihrem Sohn nicht geben, da sie zu bekannt war. Sie wollte ihn Zefiretti nennen, nach einer Arie in Mozarts Oper *Idomeneo*. Der Standesbeamte jedoch las die zwei ‚t' als ‚l'.

Zefirelli studierte zunächst in Florenz an der Akademie der Bildenden Künste, arbeitete als Maler und Dekorateur, dann als Schauspieler am Theater, wo er den Regisseur Luchino Visconti kennenlernte und bald dessen Assistent wurde. Sein Regiedebut gab er mit Rossinis *Die Italienerin in Algier* 1953 in der Arena von Verona. Neben Operninszenierungen schuf Zefirelli auch eine Reihe berühmt gewordener Filme wie *Romeo und Julia*. Er starb 2019 in Rom.

Teatro Romano
Verona
Cäsar in vertrauter Umgebung

Sanft umhüllt der junge Abend Verona. Ich laufe an der Etsch entlang, die heute bedächtig dahinfließt, in mattem Grün, mit etwas Blau vermischt. Nicht immer gab sie sich so besonnen. Einst griff sie anmaßend nach den Brücken und Palästen der Stadt. Heute beugt sie sich vor dem Ponte Pietra, durchströmt ihn behutsam und leise.

Links vor mir blicke ich auf den Halbkreis des Römischen Theaters, der sich zur Etsch hin öffnet. Fünfundzwanzig Steinstufen der übriggebliebenen oberen Ränge klettern den Hügel San Pietro hinauf und enden vor dem Konvent San Gerolamo, in dem heute das Archäologische Museum untergebracht ist. Seitlich davon befindet sich eine Loggia mit mehreren Bögen. Hohe dunkle Zypressen wachen über dem Theater, an das sich am ehemaligen Osteingang die kleine Kirche »Chiesa dei Santi Siro e Libera« aus dem 10. Jahrhundert anschließt. Unterhalb der Ränge befinden sich die Stuhlreihen des 21. Jahrhunderts, graue Plastikstühle, fast unmittelbar vor der Bühne. Dieses Theater gegenüber der Altstadt und zwischen den einfachen Häusern entlang der Etsch lässt die Geschichte Veronas lebendig bleiben.

Das Teatro Romano entstand Ende des 1. Jahrhunderts vor Christi, fünfzig Jahre vor dem Bau der Arena. Die Errichtung dieses einst prächtigen Gebäudes entstand im Laufe von mehreren Jahrzehnten. Es war reich verziert mit Bogengängen, Loggien, Skulpturen wichtiger Persönlichkeiten und verschiedenen Masken und Dekors. Dafür verwendete man Tuffstein, Kalkstein sowie Marmor aus Italien, Griechenland und Kleinasien. Über die Schauspiele, die hier aufgeführt wurden, berichtet eine lateinische Inschrift aus Libyen aus den Jahren 211 bis 217. Mit dem Untergang des Römischen Reiches ging auch das Theater zugrunde. Es zerfiel nach und nach. Hütten und Häuser wurden darauf gebaut, im Mittelalter hatte man es als Steinbruch genutzt. 1834 kaufte der Veroneser Andrea Monga das gesamte Areal, ließ die Häuser abreißen und begann auf eigene Kosten mit Ausgrabungen. Reste des antiken Theaters traten zutage. Erhalten waren aber nur die Steinstufen, die Loggiabögen und der Bühnenbereich. Inschriften, Steinmonumente und Dekors, die man fand, wurden in die Zuschauerreihen integriert. Reste des antiken Theaters erstrecken sich den ganzen Hügel hinauf.

Noch habe ich Zeit, ehe die Vorstellung von Shakespeares *Julius Cäsar*, im Rahmen des »Estate Teatrale Veronese«, beginnt. Nicht nur Theaterstücke, sondern auch Konzerte und Ballettaufführungen finden in diesem Zeitraum statt.

Vor der Fassade der Redentore Kirche nahe dem Theater locken mit weißen Tischtüchern gedeckte Tische. Habe ich je in einer Kirche gespeist? Ich bestelle verschiedene Gemüse, einen kleinen Salat und ein Glas Weißwein. Ehe mir der Ober den Espresso bringt, durchstreife ich das Lokal auf der Suche nach Überresten einer Kirche. Nachsichtig lächelnd erklärt er mir, dass weder vom ehemaligen Kloster noch von der Kirche etwas vorhanden sei. Napoleons Truppen hätten alles zerstört. Ich erfahre noch, dass das Gebäude lange als Kino genutzt wurde. Zum Glück sei es jetzt ein Restaurant, ergänzt er zufrieden. Ich genieße noch den herrlichen Blick von hier auf die Altstadt, den Dom, den Ponte Pietra und gehe beschwingt hinüber ins Theater. In der sechsten Reihe nehme ich Platz, fast zu nahe an der Bühne. Einem jungen Mädchen gebe ich drei Euro und erhalte ein Kissen für meinen Plastikstuhl. Die Vorstellung ist gut besucht, das Publikum gut gekleidet. Ich blicke auf das Bühnenbild – eine große weiße Wand. Cäsar, dargestellt von einer älteren, hageren, weiß gekleideten Frau, betritt mit festen Schritten die Bühne. Großes Geschrei hinter mir. Männer in schwarzen Hosen, weißen T-Shirts und aufgesetzten Tierköpfen rennen die Steinstufen hinab zu Cäsar. Ausführliche Diskussion, ob er getötet werden soll. Er wird. Langer Monolog des Mörders mit blutverschmiertem Arm und Hemd. Ich erlebe eine temperamentvolle, hitzige Inszenierung.

Als ich kurz vor Mitternacht an der schwarzen Etsch zurück ins Hotel laufe, tönt mir immer noch das Geschrei der Verschwörer in den Ohren.

TEATRO OLIMPICO
VICENZA
DIE PERFEKTE ILLUSION

Wann immer ich eine der Villen Palladios betrete – sei es die Villa Elmo, sei es die Villa Rotonda – verharre ich in der Mitte des lichtdurchfluteten Gebäudes und genieße den weiten Blick auf einen Park oder einen Fluss oder eine leuchtend grüne Rasenfläche, spüre intensiv Stille und Harmonie. Bewundere stets aufs Neue, wie Palladio die Verschmelzung von Architektur und Landschaft gelang.

»Es ist wirklich etwas Göttliches in seinen Anlagen …«[2] notierte Goethe, als er auf seiner Italienreise in Vicenza ankam. Doch Palladio hatte nicht nur Villen und Paläste gebaut, sondern auch ein Theater.

Ich schlendere durch die engen Gassen Vicenzas, erreiche den Corso Palladio, erreiche schließlich eine Mauer, Reste einer Festung, einen Garten mit zahlreichen Skulpturen und stehe dann vor dem ersten freistehenden überdachten Theater, dem Teatro Olimpico.

Als ich es betrete, gelingt es mir nur langsam, mich in diesem Raum zurechtzufinden. Ich blicke auf Sitzreihen, Säulen, eine Balustrade, ein Halbrund, eine rechteckige Bühne und ein gewaltiges Bühnenbild. Erst nach und nach begreife ich dieses außergewöhnliche, einzigartige Theater.

Vorbild für das Olimpico war für Palladio das römische Amphitheater mit Zuschauerraum, Bühne, Vorbühne und Bühnenwand, wobei er sich aber nicht strikt an diese Vorgaben gehalten hat. Der Zuschauerraum hier ist halb oval in Form einer Ellipse angelegt. Die stufenförmigen vierzehn Sitzreihen für vierhundert Besucher steigen sanft nach oben und werden von einem Säulengang mit einer Wand in der Mitte abgerundet. Über dieser Wand erhebt sich eine Balustrade, bekrönt von weiteren Statuen. Das Gemälde eines blauen Himmels an der Decke soll an das antike Theater erinnern, das ja unter freiem Himmel errichtet wurde.

Ich setze mich in eine der vorderen Reihen und betrachte ziemlich angestrengt dieses monumentale Bühnenbild. Während Palladio den Theaterbau entwarf, ist diese Wand das Werk von Vincenzo Scamozzi: Eine weiße Marmorwand, die in drei Etagen unterteilt ist. Die untere Ebene mit drei Toren erinnert an einen erweiterten Triumphbogen. Der Blick durch die Tore zeigt dem faszinierten Zuschauer die Stadt Theben. Er sieht Tempel, Paläste, Häuser und Straßen – durch eine geniale Perspektive täuschend echt dargestellt. Scamozzi hatte den Bühnenboden leicht ansteigen und die Häuser verkleinern lassen. Dadurch entstand eine scheinbare Tiefe von etwa zweihundert Metern, obwohl es in

Wirklichkeit nur zwölf sind. Dieses Bühnenbild entwarf Scamozzi für die erste Aufführung im Olimpico, das Drama *König Ödipus* von Sophokles. Da die Zuschauer von dieser Kulisse so begeistert und beeindruckt waren, wurde sie für jedes andere Theaterstück beibehalten – bis auf den heutigen Tag.

Die »Olympische Akademie« von Vicenza hatte den 50-jährigen Palladio mit dem Bau eines Theaters beauftragt. Die Figuren in antiken Gewändern in der zweiten Ebene der Bühnenwand stellen Mitglieder der Akademie dar, die dazu verpflichtet waren, auf eigene Kosten eine Figur aus Stuck zu errichten. Die Figur in der Mitte, mit Büchern in der Hand, zeigt Palladio, links von ihm steht Scamozzi. Die Reliefs in der abschließenden Etage zeigen Szenen aus dem Leben des Herkules.

Das Teatro Olimpico hatte Palladio erst in seinem letzten Lebensabschnitt geschaffen und konnte sich damit einen lang gehegten Wunsch erfüllen. Sein Schwerpunkt war bis dahin der Bau von Villen, dann folgten Paläste, danach Kirchen.

Andrea di Piero, wie er mit bürgerlichem Namen hieß, kam am 8. November 1508 als Sohn eines Müllers in Padua zur Welt. Als er dreizehn Jahre alt war, schickte ihn sein Vater in die Werkstatt eines Architekten und Steinmetz in Padua, wo er sechs Jahre lang in die Lehre gehen sollte. Doch der Junge floh nach zwei Jahren, wurde zur Rückkehr gezwungen und trat ein Jahr später in die Steinmetzzunft ein. 1534 heiratete er Allegradonna, die Tochter eines Zimmermanns. Die beiden bekamen eine Tochter und vier Söhne, von denen zwei rasch hintereinander starben. 1538 begegnete er in Vicenza dem Grafen Giangiorgio Trissino, der als Dichter und Humanist hoch angesehen war, ihm Zugang zum Adel verschaffte und ihm ein Architekturstudium ermöglichte. In den Jahren 1541 und 1545 unternahmen beide Reisen nach Rom. In dieser Zeit nannte der Graf den jungen Architekten »Palladio« nach Pallas Athene, der Göttin der Künste.

Palladio unternahm weitere Reisen nach Rom und verfasste anschließend das Buch *L'antichità di Roma*. Bald galt er als der bedeutendste Architekt Oberitaliens nach Sansovino und Sammichele und erhielt Zutritt zur Aristokratie Venedigs. Im Alter von fünfzig Jahren befand sich Palladio auf dem Höhepunkt seiner Laufbahn. 1556 wurde er Gründungsmitglied der »Olympischen Akademie« von Vicenza, die ihn ja zum Bau des Teatro Olimpico beauftragte. Theateraufführungen zu besuchen, war ein gern gesehener Zeitvertreib. Die Mitglieder der Akademie, die sich ein eigens für Vorstellungen errichtetes Gebäude wünschten, kauften ein Grundstück. Im Jahr 1580 wurde mit dem Bau Palladios begonnen.

Heute gehört das Teatro Olimpico zum Weltkulturerbe. Regelmäßig finden Theateraufführungen und Konzerte statt. Jan Fischer, der musikalische Leiter des Theaters, hat das »Vincenza Opera Festival« ins Leben gerufen. Ausgehend von Scamozzis Bühnenbild, das ja unverändert Bestandteil jeder Vorstellung ist, spielen für ihn Musik und Text die Hauptrolle, wodurch Regietheater vermieden wird. Das Festival findet im Oktober statt, da es im Sommer dafür zu heiß und im Winter zu kalt ist. Und das Theater weder beheizt noch klimatisiert werden darf.

Markgräfliches Opernhaus Bayreuth
Zur Hochzeit ein Theater

Sie war eine der ungewöhnlichsten Frauen des 18. Jahrhunderts!

Wilhelmine, die spätere Markgräfin Wilhelmine von Brandenburg-Bayreuth, durchlebte eine traumatisierte Kindheit. 1709 als Älteste von zehn Kindern des »Soldatenkönigs« Friedrich Wilhelm I. von Preußen und Berlin, und Sophie Dorothea von Hannover geboren, wurde sie als Achtjährige mit ihrem Cousin, dem Herzog von Gloucester und Prince of Wales, verlobt. Nach den Wünschen ihrer Mutter sollte sie Königin von England werden. Da ihr Vater jedoch dem Kaiser treu bleiben wollte, wurde diese Verlobung wieder aufgelöst. Wilhelmine litt einerseits unter dem ständigen Streit ihrer Eltern, andererseits unter den Methoden ihrer Erzieherin, die sie häufig schlug, demütigte und bestrafte. Erst einer später hinzugezogenen Gouvernante gelang es, dass sie eine andere Erzieherin bekam. Diese förderte nun ihre musikalische Begabung, ihren Sinn für Kunst und Literatur.

Als Wilhelmine 1732 den zukünftigen Markgrafen Friedrich von Brandenburg-Bayreuth heiratete, wurde die Königstochter Markgräfin von Brandenburg-Bayreuth. In ihren Memoiren schrieb sie, dass sie mit diesem Ehemann großes Glück hatte. Als diese Erinnerungen sowie ihr reger Briefwechsel mit ihrem jüngeren Bruder, ihrem Lieblingsbruder, der spätere Friedrich der Große, veröffentlicht wurden, gab sie nicht nur Einblick in ihre Kindheit, sondern auch in das Leben am preußischen Hof in Bayreuth, wohin sie nach ihrer Hochzeit zog. Als die 24-Jährige dort eintraf, war sie zutiefst enttäuscht über das heruntergekommene Schloss, die Küche und die Lebensart der Menschen.

Sie begann sofort mit Änderungen. So unterstützte sie ihren Mann in politischen Angelegenheiten und bekämpfte die Korruption. In dieser Zeit entfaltete sie auch voll ihre künstlerischen Fähigkeiten. Sie malte, pflegte ihre umfangeiche Korrespondenz, unter anderem auch mit Voltaire, und beschäftigte sich mit Literatur. Ihre Bibliothek umfasste viertausend Bücher. Doch ihre liebste Beschäftigung galt der Musik. Sie spielte Laute und Cembalo, komponierte Konzerte und Opern. Noch heute werden ihr *Konzert für Cembalo und Streicher*, oder auch das *Konzert für Harfe, Streicher und Basso Continuo* aufgeführt. Von ihren Opern ist allerdings nur eine erhalten, und zwar die Oper *L'Argonore*, zu der sie auch das Libretto verfasste. Dieses »Dramma per musica« schrieb sie 1740 zum Geburtstag ihres Ehemannes. Im Mittelpunkt steht der tyrannische König Argonore, der, so wird vermutet, Züge ihres Vaters aufweist. Das Liebespaar Euromondo und Palmide erfährt im Verlauf der Handlung, dass sie Geschwister sind. Damit spielte Wilhelmine offensichtlich auf ihre enge Beziehung zu ihrem Bruder Friedrich an, der spätere König von Preußen. Als Intendantin der Bayreuther Hofmusik lud sie italienische Künstler ein und nahm Anteil an der Ausbildung der Sänger, die sie engagierte. Die italienische Oper wurde dadurch fester Bestandteil des Kulturlebens in Bayreuth. Außerdem entwarf sie eine Vielzahl von Bauprojekten. Sie kümmerte sich um den Park in der Eremitage, den Landsitz Sanspareil und vor allem begann sie mit dem Bau des Markgrafentheaters.

Ich hatte viel gehört und noch mehr gelesen über das Markgräfliche Opernhaus in Bayreuth, vor allem als es 2012 Weltkulturerbe der UNESCO wurde. Meine Erwartungen an dieses Theater waren sehr hoch, doch als ich davorstand, war ich doch etwas ernüchtert. Das helle Sandsteingebäude steht hier zwischen zwei fast genauso aussehenden Häusern: die gleiche helle Fassade, das gleiche dunkle Dach. Nur das Säulenportal, die Terrasse in der ersten Etage sowie einige Skulpturen auf der Balustrade unterscheiden es von dem ehemaligen Gebäude der Sparkasse und dem künftigen Museumsshop.

Doch als ich das Theater betrete, stockt mir fast der Atem. Ein überbordendes Dekor aus Säulen, Girlanden, Figuren, Putti, Medaillons und Leuchten. Ich bin in ein heiteres, lächelndes Theater eingetaucht.

Die theaterbegeisterte Markgräfin beauftragte den damals bedeutendsten italienischen Architekten Giuseppe Galli Bibiena mit dem Bau eines Opernhauses.

Galli stammte aus einer Künstlerfamilie: Vater, Onkel und Bruder arbeiteten ebenfalls als Architekten und Bühnenbildner. Auch Gallis Sohn Carlo trat in die Fußstapfen seines Vaters. Man hatte sich beim Bau an das Vorbild eines italienischen Logenhauses gehalten. Galli schuf den Innenraum, ein Logenhaus ganz aus Holz, wobei Teile davon außerhalb der Baustelle angefertigt wurden. Die Bauaufsicht übernahm in der Zwischenzeit Gallis Sohn Carlo, da sein Vater zu viele Aufträge in anderen Städten erhalten hatte, vor allem in Wien. Die Außenfassade gestaltete der Bayreuther Hofarchitekt Joseph Saint-Pierre. Der Holzbau wurde nach der Fertigstellung in das Gebäude aus Stein gesetzt. Dieses barocke Hoftheater, dessen Bauzeit nach vier Jahren beendet war, verfügt über sechshundert Plätze und drei Ränge und zählte damals zu den größten Opernhäusern.

Die Einheit von Architektur, Skulptur, Malerei und einem Bühnenbild von perfekter Illusionskunst – ich werde an das Teatro Olimpico in Vicenza erinnert – schafft eine märchenhafte, verspielte und heitere Atmosphäre. Das Bühnenportal mit Säulen zu beiden Seiten bewirkt eine Einheit von Logenhaus und Bühne. Die Fürstenloge gegenüber der Bühne, mit Figuren und einer Krone versehen, verherrlicht Wilhelmine und ihren Ehemann.

Anlässlich der Hochzeit von Elisabeth Friederike Sophie, der einzigen Tochter des Markgrafenpaares, mit Carl Eugen von Württemberg fand 1748 die mit großem Prunk gefeierte Eröffnung des Theaters statt. Zur Aufführung gelangte die Oper *Ezio* von Adolf

Hasse. Wilhelmine selbst hatte dafür die Kostüme entworfen und Regie geführt. Das Bühnenbild konzipierte Carlo Galli Bibiena, der in den folgenden Jahren eine Vielzahl weiterer Bühnen- und Festdekorationen schuf.

Nach der Restaurierung von 2013 bis 2018 finden wieder regelmäßig Konzerte und Opernaufführungen im Markgrafentheater statt. Die Oper in drei Akten *Carlo il Calvo* des neapolitanischen Komponisten Nicola Antonio Porpora, die 1735 in London zum ersten Mal aufgeführt wurde und im frühen Mittelalter zur Zeit Karls des Großen spielt, ist nun wieder im Rahmen des Festivals »Bayreuth Baroque« zu sehen. Außerdem steht auch Porporas dreiaktige Oper *Polifemo,* die Motive aus Ovids *Metamorphosen* und Homers *Odysee* aufnimmt und deren Uraufführung 1738 in Rom stattfand, auf dem Programm.

Nachdenklich und ein bisschen verwirrt von all der Pracht verlasse ich dieses einzigartige Opernhaus. Ich schlendere hinüber zum Hotel Goldener Anker, dessen Historie und Gästeliste wie eine Ergänzung zum Markgrafentheater klingt. Ich genieße das köstliche Abendessen, unterhalte mich noch lange mit der Besitzerin und gehe dann hinauf in mein Zimmer, das »Max-Reger-Zimmer«. Ich blättere in Büchern und Katalogen, lese über die Kleinstadt Bayreuth, die so Großartiges birgt und beschließe, für das kommende Festival Karten zu besorgen.

Cuvilliés Theater
München
Verliebt ins Rokoko

Als ich in München lebte, fuhr ich oft nach Nymphenburg, ging im weitläufigen Park spazieren und hatte mich in die Amalienburg verliebt. Der Name Burg befremdet, denn es ist ein Rokokoschlösschen, das Kurfürst Karl Albrecht 1734 für seine jagdbegeisterte Frau Maria Amalia bauen ließ. Versteckt hinter einer kleinen Anhöhe schaut es zwischen hohen Bäumen hervor. Immer wieder bewunderte ich im Inneren den runden Spiegelsaal, denn die zahlreichen Spiegel bringen den Garten in den Raum hinein und scheinen eins zu werden. Figuren aus dem Jagdleben schmücken Spiegel und Fenster. Errichtet hat dieses Schlösschen Francois de Cuvillés der Ältere.

Die Amalienburg ist der Auftakt für eines der schönsten Opernhäuser: das Cuvilléstheater. Als 1750 das Theater in der Residenz abbrannte, sollte ein neues entstehen. Den Auftrag dazu erhielt der Baumeister und Hofarchitekt Francois Cuvillés der Ältere. 1752 fand bereits das Richtfest statt und am 12. Oktober

1753 konnte die Eröffnung mit der Oper *Catone in Utica* des italienischen Komponisten Giovanni Battista Ferrandini gefeiert werden. In den folgenden Jahren wurden nur italienische Opern aufgeführt, mit einer Ausnahme: Die Oper *Il Trionfo della Costanza* hatte Maria Antonia Walpurgis von Bayern, die Schwester des Kurfürsten, komponiert und die Titelpartie gesungen. Als besonderes Ereignis galt die Uraufführung von Mozarts Oper *Idomeneo* am 29. Januar 1781. Während der Besuch des Theaters viele Jahre nur dem Adel gestattet war, konnten ab 1795 alle Bürger einer Aufführung beiwohnen. Als Bayern Königreich wurde, besuchte Napoleon München und sah sich die Opern *Don Giovanni* von Mozart und *Das unterbrochene Opferfest* von Peter von Winter an. Er verließ die Oper jedoch jeweils nach dem ersten Akt.

König Ludwig I. ließ das Theater schließen und die Innenausstattung entfernen. Das Rokokotheater verkümmerte zum Dekorationslager. Sein Nachfolger Maximilian II. veranlasste die Restaurierung des Theaters, das im November 1857 wiedereröffnet werden konnte. Im Zweiten Weltkrieg musste das Cuvilliés Theater geschlossen werden. Die kostbaren Holzteile konnten rechtzeitig vor der Zerstörung ausgelagert und beim Wiederaufbau – jetzt in der Residenz – eingebaut werden. Im Jahr 1958 fand die Wiedereröffnung mit Mozarts Oper *Die Hochzeit des Figaro* statt. Doch bereits 2004 fielen erneut Restaurierungsarbeiten an, sodass das Theater wieder geschlossen werden musste. Vier Jahre später konnte die Neueröffnung, erneut mit Mozarts Oper *Idomeneo* gefeiert werden.

Von außen betrachtet verrät das schlichte Gebäude der Residenz nicht, welches Juwel sich in seinem Inneren verbirgt. Das gesamte Cuvilliés Theater erstrahlt in Rot und Gold. Vier Ränge mit jeweils vierzehn Logen, die das Parkett umschließen, sind unterschiedlich reich verziert. Mittelpunkt ist die Kurfürstenloge, die sich über zwei Ränge erstreckt. Atlanten und Karyiatiden stützen den Eingang. Sie war damals wichtiger als die Bühne, denn der Kurfürst und sein Gefolge wollten gesehen werden und ihre kostbare Garderobe zur Schau stellen. Aus diesem Grund wurde der Zuschauerraum nicht dunkel, wenn die Vorstellung begann. 1341 Wachskerzen versetzten ihn in helles Licht. Die nachfolgenden Ränge sind weniger reich verziert, denn hier saßen der niedere Adel und die Hofbeamten. Über der Bühne ist das Wappen von Maximilian III. Joseph und seiner Gattin Maria Anna von Sachsen und Polen angebracht.

Wann immer ich eine Aufführung in diesem Rokoko-Ambiente besuchte, dachte ich an die Lebensgeschichte von Francois Cuvilliés. Der Erbauer dieses Schmuckstückes wurde 1695 als Sohn des Leinewebers Nicola Cuvelier in Belgien geboren – und sprach sein Leben lang nur Französisch. Von kleinem Wuchs kam er mit etwa elf Jahren als Hofzwerg zu dem bayerischen Kurfürsten Max II. Emanuel. Dem Kurfürst fiel bald auf, wie gut der Junge zeichnen konnte. Er förderte ihn, ermöglichte ihm eine Ausbildung als Ingenieur und schickte ihn nach Paris, damit er dort Architektur studieren konnte, wo sich Cuvilliés mit dem Rokoko, dem damaligen vorherrschenden Stil, vertraut machte. Karl Albrecht, der Nachfolger Max Emanuels, der 1726 verstorben war, ernannte Cuvilliés zum höchsten Baumeister. Die Eleganz und das Dekor seiner Werke galten bald als einzigartig.

Cuvilliés heiratete 1730 die Kaufmannstochter Maria Barbara Blomaerts, mit der er neun Kinder hatte. Nach ihrem Tod ehelichte er die Landshuterin Charlotte von Freinhueber auf Dornwang. Im Laufe seines Lebens hatte Cuvilliés fünfzig Bücher zur Gestaltung von Innenräumen und Möbeln verfasst. Nach seinem Tod in München 1768 nahm sein Sohn Francois de Cuvilliés der Jüngere seine Stelle als Hofarchitekt ein.

Nationaltheater München

Ärger mit dem Dresscode

Gaetano Donizetti (1797-1848) war nicht nur einer der wichtigsten Opernkomponisten seiner Zeit, sondern auch ein »Vielschreiber«. Einundsiebzig Opern sind heute nachweisbar, die er in unglaublichem Tempo verfasste. Da er auch als Komponist des Belcanto galt, schrieb er viele Werke für die damals bedeutendsten Sängerinnen und Sänger.

Am 10. Oktober 1833 unterschrieb er einen Vertrag mit der Scala. Für dieses Theater sollte er zwei Opern komponieren und für jede 6500 österreichische Lire erhalten. Donizetti wählte Victor Hugos Drama *Lucrezia Borgia*, das gerade uraufgeführt worden war. Felice Romani jedoch, der das Libretto dazu verfassen sollte, hatte große Schwierigkeiten mit dem Stoff. Dieses Drama war ihm zu blutrünstig. Außerdem befürchtete er, Probleme mit der Zensur zu bekommen. Also schwächte er im Textbuch die allzu krassen Beschreibungen der Gräueltaten ab. Die Uraufführung der *Lucrezia Borgia* fand an der Scala in Mailand am 26. Dezember 1833 statt. Der Erfolg war mäßig, doch mit jeder Aufführung

– es gab insgesamt dreiunddreißig – fand die Oper beim Publikum immer größeren Anklang.

Diese Oper besuchte ich zusammen mit Freunden aus England im Münchner Nationaltheater. Am Abend zuvor informierten wir uns über den Dresscode und staunten, denn wir lasen keine genauen Angaben im Gegensatz zum Fenice in Venedig. Jeder dürfe sich so kleiden, wie es seinem Wohlbefinden entspreche. Neben eleganter Abendgarderobe könne man auch in Jeans oder Jumpsuit eine Aufführung besuchen.

Das Nationaltheater blickt auf eine lange Geschichte zurück. 1651 wurde unter dem Kurfürst Ferdinand Maria am Salvatorplatz ein »Kurfürstliches Opernhaus« gebaut, das einige Jahre später auch für die Öffentlichkeit zugänglich war. Da dieses Theater 1795 geschlossen wurde, beauftragte König Maximilian I. Joseph 1810 den 21jährigen Architekten Karl von Fischer mit dem »Königlichen Hof- und Nationaltheater«, dessen Verwirklichung wegen Finanzproblemen allerdings sieben Jahre dauerte. Außerdem war ein Teil des Neubaus einem Brand zum Opfer gefallen. Mehrere Jahre später vernichtete ein weiterer Brand das gesamte Theater. Während der Vorstellung vom 14. Januar 1833 brach in der Dekoration Feuer aus, das sich rasend schnell ausbreitete. In Venedig waren beim Brand des Fenice 1996 die Kanäle trockengelegt, und man konnte das Theater nicht retten. In München gab es Wasser, doch es war eingefroren. Obwohl man sich mit Schnee behalf und die Bierbrauer aus den Sudhäusern Wasser brachten, brannte das Theater ab. Die Stadt München finanzierte den sofortigen Wiederauf-bau. Dabei nützte man die Gelegenheit und fügte die von Leo von Klenze entworfene Säulenvorhalle, die schon einmal geplant war, hinzu. Bereits am 2. Januar 1825 konnte das Theater wiedereröffnet werden. Da man 1854 die Maximiliansstraße erweitern wollte, musste ein Teil des Nationaltheaters entfernt werden. Im Zweiten Weltkrieg wurde es durch Bombenangriffe fast völlig zerstört. Auch wenn die Stadt München in den folgenden Jahren nach und nach wieder aufgebaut wurde – das Nationaltheater blieb weiterhin Ruine. Pläne für einen Neubau aus Glas und Beton alarmierten die Münchner. Die »Freunde des Nationaltheaters« setzten sich für eine Rekonstruktion des Fischer-Klenze-Baus ein und es gelang ihnen, dafür zehn Prozent der Kosten durch Spenden zusammenzubringen. Das Nationaltheater entstand im alten Stil, wobei die Bühne erweitert wurde.

Die Außenfassade mit der Reihe von acht korinthischen Säulen gleicht einem griechischen Tempel. Vorbild für die Fassade des klassizistischen Baus war das Théatre National de l'Odeon in Paris. In München wählte man jedoch einen doppelten Giebel. Die Giebelfelder hatte Ludwig Schwanthaler mit Gemälden verziert, die später durch Mosaike ersetzt wurden. Der obere Giebel zeigte »Pegasus und die Horen«, der untere »Apollo und die Musen«. Beim Wiederaufbau wurde diese Darstellung durch die moderne Figurengruppe von Georg Brenninger ersetzt.

Am 21. November 1963 fand am Vormittag aus Anlass des 50. Jahrestags der Wiedereröffnung des Nationaltheaters ein Festakt statt. Hans Knappertsbusch dirigierte Beethovens *Weihe des Hauses.* Am Abend wurde für die Vertreter der Staatsregierung und geladene Gäste die Oper *Die Frau ohne Schatten* von Richard Strauss unter dem Dirigat von Joseph Keilberth aufgeführt. Für diese Veranstaltung hatte der bayerische Ministerpräsident eine Kleiderordnung vorgeschrieben: »Frack, Uniform, großes Abendkleid«. Doch einige Journalisten wehrten sich so heftig gegen diese Anordnung, dass der Ministerpräsident sie umänderte in »Smoking und kleines Abendkleid«. Zwei Tage später, am 23. November, gab es einen weiteren Eröffnungsabend für wohlhabende und prominente Gäste wie die Begum, Gunter Sachs oder Herbert von Karajan. Bis zu 500 Mark kostete eine Eintrittskarte für Richard Wagners *Meistersinger von Nürnberg.* Überschattet wurde die Aufführung von Kennedy's Ermordung am Tag zuvor. Man erwog zunächst eine Absage, entschied sich aber dann doch für die Aufführung, wobei vor der Ouvertüre die amerikanische Nationalhymne gespielt wurde.

Mit großer Freude und voller Erwartung betreten wir das Theater. Überwiegend elegant gekleidete Besucher plaudern hier, begrüßen sich. Wir bewundern die Treppenaufgänge zu beiden Seiten des Vestibüls und steigen hinauf in den zweiten Stock. Im Foyer bewundern wir den Kronleuchter aus Murano, ein Geschenk zur Wiedereröffnung des Theaters, werfen noch einen Blick in den Königssaal mit der reich verzierten Decke und begeben uns schließlich hinab zu unseren Plätzen im

1. Rang, 1. Reihe. Sie gewähren uns einen uneingeschränkten Blick auf die Bühne und den Zuschauerraum, dessen Form an eine Arena erinnert. Über 2000 Zuschauer können im Parkett und den fünf Rängen dem Bühnengeschehen folgen. Festlichkeit verbreiten auch hier die mit rotem Samt bezogenen Sitze, die vergoldeten Stuckarbeiten und weißen Leuchten der elfenbeinfarbenen Brüstung der Ränge. Zu beiden Seiten der Königsloge wachen Karyatiden. Hier saß Ludwig I. mit seiner Mätresse Lola Montez und sah sich die Aufführungen an. Ludwig II. hingegen genoss hier allein, meist nachts, Opern von Richard Wagner. Allerdings mussten Soldaten der Akustik wegen Plätze einnehmen. Die Logen zu beiden Seiten der Bühne werden durch die vergoldeten korinthischen Kapitelle der Säulen und die engelsgleichen hohen Figuren, die mit ausgebreiteten Händen auf die Bühne weisen, besonders hervorgehoben. Sanft erlöscht das Licht im Zuschauerraum, der Lüster schwebt nach oben – die Vorstellung beginnt.

Uns wird eine moderne Inszenierung der *Lucrezia Borgia* gezeigt. Männer in schwarzen Anzügen und weißen Hemden agieren vor einer kargen Bühne. Dann der Auftritt Lucrezias in leuchtend rotem, goldbestickten Gewand. Edita Gruberova, die »slowakische Nachtigall«, die auch »Königin der Koloratur« genannt wird, fasziniert in dieser Rolle nicht nur durch ihren Gesang, sondern auch durch ihre schauspielerische Leistung. Schon nach dem ersten Akt gibt es nicht enden wollenden Beifall. Noch etwas benommen von diesem bisherigen Bühnenerlebnis begeben wir uns ins Tiefparterre.

Die Tische stehen hier sehr eng, am Tresen herrscht Gedränge. Bei kleinen Speisen und einem Glas Wein debattieren wir über traditionelle und moderne Inszenierungen und bewundern Edita Gruberova, die mit 21 Jahren in Rossinis *Barbier von Sevilla* in Bratislava ihr Debüt als Rosina gab. Internationaler Durchbruch gelang ihr mit der Rolle der Königin der Nacht in Mozarts *Zauberflöte*. Es folgten Auftritte an allen großen Bühnen der Welt, wie der Wiener Staatsoper, der Scala oder der Met in New York.

Unsere Pause geht zu Ende, rasch eilen wir wieder hinauf zu unseren Plätzen, gespannt auf die Darstellung des zweiten Teils dieses Operndramas. Standing Ovations für die Künstler am Ende der Aufführung, vor allem für Edita Gruberova.

Im nahegelegenen Spatenhaus lassen wir diese eindrucksvolle Aufführung ausklingen. Bei einem Pinot Grigio berichte ich von meiner musikbegeisterten Nachbarin, einer älteren Dame, die jeden Abend ins Nationaltheater geht, wenn eine Oper aufgeführt wird, und füge hinzu, dass in diesem Theater ja auch großartige Konzerte und Ballettaufführungen stattfinden. Dann erzähle ich weiter, dass sich meine Nachbarin wegen ihres geringen Einkommens nur einen Stehplatz leisten kann und mir jener Vormittag unvergesslich ist, an dem sie an meiner Tür klingelte.

»Ich muss Ihnen etwas mitteilen«, sagte sie, als ich sie in mein Wohnzimmer gebeten und sie auf dem Sofa Platz genommen hatte.

»Gestern, an meinem 90.Geburtstag, habe ich meine siebzigste *Tosca* gesehen. Es war wieder wunderbar.«

Semperoper, Dresden
Der Architekt musste fliehen

Dieses Theater trägt nicht den Namen eines Königs, einer abgerissenen Kirche, eines Vogels der Mythologie – die Semperoper wird, wie das Cuvilliés Theater, nach ihrem Architekten genannt.

Gottfried Semper, gebürtiger Hamburger, studierte für kurze Zeit Mathematik und Geschichte, schrieb sich jedoch dann an der Kunstakademie in München ein. Da er in ein Duell verwickelt wurde, musste er nach Paris fliehen, wo er bei einem Architekten arbeiten konnte. Eine Italienreise, auf der er Rom, Pompeji und die griechischen Tempel auf Sizilien besuchte sowie die Kunstwerke der Renaissance kennenlernte, wurde prägend für sein späteres Schaffen. In Dresden entstanden nach dieser Reise seine ersten architektonischen Bauten wie die Synagoge und 1841 das königliche Hoftheater. Dieses Gebäude, das an die italienische Frührenaissance erinnert, galt bald als eines der schönsten in Europa. Infolge eines Brandes wurde es jedoch 1869 zerstört. Als Gottfried Semper 1849 mit Richard Wagner an einem Aufstand gegen die sächsische Monarchie teilnahm, wurde er steckbrieflich verfolgt, musste seine Frau und seine sechs Kinder verlassen und erneut fliehen, zunächst wieder nach Paris, dann nach London. Er kehrte nie mehr nach Dresden zurück.

Mithilfe von Richard Wagner konnte er dann in Zürich leben, wo er am Polytechnikum eine Anstellung als Professor für Architektur bekam.

Im Jahr 1871 wird er nach Wien berufen und mit dem Bau des Kunsthistorischen und Naturhistorischen Museums beauftragt. Die steckbriefliche Suche nach ihm hatte man endlich eingestellt, und er wurde von der Stadt Dresden beauftragt, einen Plan für den Wiederaufbau des königlichen Hoftheaters zu entwerfen – die heutige Semperoper. Vom Ausland aus kam er dieser Aufgabe nach und beauftragte seinen ältesten Sohn Manfred Semper, ebenfalls Architekt, mit der Bauleitung, wofür ihm sein Vater in einem Brief aus Wien dankte. »(…) so ist es (…) mir (…) darum zu tun, daß es der Welt und uns klar werde, daß die wahre Autorschaft und der Hauptanteil an dem Werke (…) Dir unzweifelhaft zukommt.«[3]

Am 2. Februar 1878 fand die Wiedereröffnung mit der *Jubelouvertüre* von Carl Maria von Weber und mit Goethes *Iphigenie auf Tauris* statt. Ein Jahr später starb Gottfried Semper während einer Reise in Italien. Sein Grab befindet sich in Rom auf dem Protestantischen Friedhof.

Gegen Ende des Zweiten Weltkriegs wurde beim Luftangriff auf Dresden 1945 das Gebäude zerstört. Unter der Leitung des Architekten Wolfgang Hänsch konnte 1977 der Grundstein für den Wiederaufbau gelegt werden. Hänsch hielt sich dabei an die Pläne von Gottfried Semper, fügte allerdings einen modernen Anbau hinzu. Zwölf Jahre nach der Grundsteinlegung fand die Wiedereröffnung der Semperoper am 13. Februar 1985 statt, genau vierzig Jahre nach der Zerstörung. Wieder wählte man Musik von Carl Maria von Weber aus, dieses Mal seine Oper *Der Freischütz.*

Bei einem erneuten Besuch in Dresden erreiche ich, nahe der Elbe, den Theaterplatz, der auch »Klingender Platz Europas« genannt wird. Es ist ein sehr großzügig angelegter Platz mit einem Reiterstandbild des Königs Johann und zwei Brunnen. Der monumentale Bau der Semperoper braucht diese Weite. Lange bleibe ich hier stehen und versuche, dieses Gebäude zu begreifen. Ich blicke auf das halbrunde Hauptportal, das die zwei Stockwerke des Foyers überragt und in einer Pantherquadriga seinen Abschluss findet. Ich erkenne Schiller und Goethe sitzend in den Seitennischen und weiß, dass sich in den oberen Nischen Euripides, Sophokles, Shakespeare und Molière befinden. Der Rundbau des Foyers mit vorspringenden Pfeilen und korinthischen Halbsäulen lässt mich unerwartet an das Kolosseum denken. Überraschend schlicht wirkt das mächtige hohe Bühnenhaus, das mit einem Giebel abschließt. Langsam gehe ich an der Seite des Theaters entlang und sehe den modernen Erweiterungsbau, den eine gläserne Brücke mit der Oper verbindet. In diesem Gebäude sind die Verwaltung und die Probebühne untergebracht. Die Verbindung zur Bühne stellen die großen Theatermasken an den vier Seiten dar.

Heute Abend werde ich die Semperoper auch von innen kennenlernen. Meine Dresdner Freunde Klaus und Sigrid überraschten mich mit Karten für Mozarts *Don Giovanni* und wiesen gleich darauf hin, dass es sich um eine moderne Inszenierung handle. Wir treffen uns so rechtzeitig vor Beginn der Aufführung am Eingang, dass wir noch einen Rundgang durch die Foyers machen können. Diese prächtig gestalteten Pausengänge im unteren und oberen Foyer, die Emanuel Semper, der Bruder von Manfred Semper, entwarf, sind bewundernswert. Die Säulen, Rundbögen und Kronleuchter oder auch die Kreuzgewölbedecken verbreiten Schönheit und Festlichkeit. Erwartungsvoll betreten wir den oval förmigen Zuschauerraum, der Platz für 1300 Besucher bietet. Ich blicke hinauf zu den vier Rängen, deren Brüstungen mit Stuckarbeiten verziert sind. Die königliche Mittelloge wirkt doch eher einfach, wenn ich an die in Palermo im Teatro Massimo denke. Als wir unsere Plätze eingenommen haben, machen mich meine Freunde auf eine Besonderheit des Zuschauerraums aufmerksam, nämlich auf den Schmuckvorhang. Aus Leinen gefertigt, wurde er mit Portraitmedaillons von Komponisten und Dichtern bemalt. Mittelpunkt ist eine wenig bekleidete Frau, die »Thronende Phantasie«, welche eine Fackel hochhält, die »Fackel der Gerechtigkeit«. Sie ist umgeben von den Musen der Dichtung, der Komödie, des Gesangs, des Tanzes und der Geschichte.

»Vor ein paar Jahren wurde dieser Vorhang gereinigt und restauriert«, flüstert mir Klaus zu. »Weil er sehr, sehr groß ist und schwer, wurden die Arbeiten im

Palais des Großen Gartens vorgenommen, da nur dort die notwendige Fläche vorhanden war. Danach musste er zu Fuß in die Oper gebracht werden, denn man hatte kein geeignetes Transportmittel.«

Während ich noch diesen ungewöhnlichen Vorhang betrachte und versuche, mir die Restaurierungsarbeiten vorzustellen, erklingt schon die Ouvertüre, gespielt von der Sächsischen Staatskapelle, die von 1548 von Kurfürst Moritz von Sachsen gegründet wurde und inzwischen als eines der ältesten Orchester der Welt gilt. Sehr rasch werde ich aus der Musikwelt Mozarts herausgerissen, als ich das hypermoderne Bühnenbild sehe: Das Büro einer Model-Agentur im obersten Stockwerk eines Penthauses in New York. Halbnackte Frauen liegen auf dem Fußboden. Und selbstverständlich trägt Don Giovanni einen Straßenanzug, ein offenes Hemd, zählt seine Frauen auf einem Tablet und kommuniziert mittels eines Handys. Ich denke an den Leiter des Teatro Olimpico, der auf Regietheater verzichtet, und konzentriere mich auf Mozarts Musik.

»In der Kritik war zu lesen, dass das Publikum diese Aufführung wohlwollend, mit viel Applaus aufgenommen hat«, erklärt mir Klaus nach der Vorstellung, als wir den hell erleuchteten Theaterplatz überqueren, hinüber zur Frauenkirche, dem Zwinger und dem Residenzschloss schauen, die magische Stimmung dieses Ensembles genießen. Im Restaurant des Coselpalais lassen wir den Theaterabend bei einem Glas Wein ausklingen, diskutieren heftig über Bühnenbild und Regie.

»Zum Glück kann man die Musik Mozarts nicht verändern«, stellt Klaus erleichtert fest.

»Eines solltest du auch noch wissen«, bemerkt Sigrid, »es gibt jetzt wieder den Dresdner Opernball, der eine lange Tradition hat, denn er fand jedes Jahr von 1925 bis 1939 statt. Seit 2006 wird nun wieder getanzt!«

Theater in der Josefstadt Wien

Vom Wirtshaus zur Bühne

Nach Wien fahre ich oft. Ich fühle mich wohl in dieser Stadt. Liebe die Kaffeehäuser, die Museen und vor allem die Theater. Meist verbringe ich dort meine Abende.

»Bei deinem letzten Besuch warst du dreimal in der Josefstadt und einmal im Burgtheater. Wohin möchtest du dieses Mal?«

»In die Josefstadt.« Ich hatte Thomas an der Uni kennengelernt. Während ich die Werke deutschsprachiger Dichter interpretierte, studierte er Gesetzestexte. Die Liebe zum Theater verband uns schon damals. Obwohl wir später in verschiedenen Städten lebten, trafen wir uns immer wieder.

Im Theater in der Josefstadt fühle ich mich wie zu Hause. Als ich zum ersten Mal etwas über seine Geschichte las, glaubte ich, einer Theateraufführung beizuwohnen.

Der Gastwirt Johann Köck und seine Frau Maria ließen 1788 im Garten ihrer Wirtschaft »Zum goldenen Straußen« – ein Name, der in den Dokumenten häufig variiert – ein Theater errichten. Ihr Schwiegersohn hatte nämlich die Erlaubnis erhalten, ein Theater zu eröffnen, und zwar für alle Gattungen. Unter den Nachfolgern, einem Apotheker und einem Kaufmann, ging es mit dem Theater jedoch rasch bergab. Wiederbelebt wurde es, als Wolfgang Reischl und seine Frau Johanna, ebenfalls Wirtsleute, 1816 das Theater zusammen mit dem Gasthaus kauften. Reischl wollte damit mehr Besucher ins Theater locken und gleichzeitig den Umsatz seines Wirtshauses steigern. Er beauftragte mit dem Umbau Josef Kornhäusl, einen der bedeutendsten Architekten des 19. Jahrhunderts, ein Vertreter des Klassizismus und des Biedermeiers, der die Stadtbilder von Wien und Baden bei Wien wesentlich geprägt hatte. 1822 fand die Eröffnung mit Beethovens Ouvertüre *Die Weihe des Hauses* statt, eine Begleitmusik zu dem Festspiel von August von Kotzebue.

Reischl baute dann im hinteren Teil seines Grundstücks, das an das Theater angrenzte, die »Sträußelsäle«, die am 1. Januar 1834 mit einem großen Ball eröffnet wurden. Dirigent war Johann Strauß' Vater. Im Josefstädter Theater traten bald so berühmte und beliebte Schauspieler und Bühnendichter auf wie Ferdinand Raimund oder Johann Nestroy.

Unter den nachfolgenden Direktoren wurden in der Josefstadt italienische Opern aufgeführt. Aber auch Richard Wagners *Thannhäuser* stand auf dem Spielplan. In den 1920er Jahren inszenierte man Strindberg, Wedekind und auch Operetten.

Als Max Reinhardt 1924 das Theater übernahm, ließ auch er es umbauen, wobei ihm das Teatro Fenice in Venedig als Vorbild diente. Die »Sträußelsäle«, die bis dahin geschlossen waren und als Lagerhalle für Kulissen dienten, erstrahlten ebenfalls in neuem Glanz. Zur Eröffnung wurde Carlo Goldonis *Diener zweier Herren* gespielt, und kurz darauf kam Hugo von Hofmannsthals *Der Schwierige* zur Uraufführung. Als Leiter der Josefstadt konzentrierte sich Reinhardt bei der Auswahl der Stücke auf das Schauspiel. Zugleich legte er Wert auf ein festes Ensemble.

Nach dem Zweiten Weltkrieg fand bereits am 1. Mai 1945 die Wiedereröffnung statt. Unter Otto Schenk, dem neuen Leiter seit 1988, bemühte man sich um ein Gleichgewicht bei der Auswahl klassischer österreichischer und zeitgenössischer Autoren.

Der österreichische Schauspieler und Regisseur Herbert Föttinger leitet das Theater seit 2006. Die Kammerspiele werden ebenfalls von der Josefstadt bespielt, sind sozusagen eine »Filiale«, in der vorwiegend Boulevardstücke zur Aufführung gelangen.

Wir laufen die paar Schritte zum Bühneneingang, nachdem wir schließlich einen Parkplatz gefunden haben. So vertraut ist uns dieses dreistöckige weiße Gebäude mit seinen Rundbögen und Glastüren! Groß steht in schwarzen Lettern über dem Eingang:

THEATER IN DER JOSEFSTADT

Aus ihren Ehrentafeln darunter blicken Hugo von Hofmannsthal und Max Reinhardt ernst und nachdenklich. Beim Betrachten der Fassade denke ich wieder an die Geschichte dieses Theaters, an die Wirtsleute, an die großen Schauspieler und Dichter. Nach dem Burgtheater gilt die Josefstadt, wie sie umgangssprachlich und immer etwas liebevoll genannt wird, als das älteste bespielte Theater in Wien. Für mich ist es eine Institution geworden.

Wann immer ich hier eine Aufführung erlebe, hat Thomas Plätze in den vorderen Reihen gewählt. Jedes Mal überrascht mich der relativ breite Mittelgang im Parkett. Das Theater verfügt über 564 Sitzplätze, wodurch eine gewisse Intimität entsteht. Jedes Mal, wenn ich hier eine Aufführung erlebe, spüre ich durch die geringe Distanz zur Bühne eine große Nähe zu den Schauspielern. Ich blicke zum goldverzierten Bühnenbogen, den goldenen Vorhang, schaue hinauf zum Kronleuchter an der mit Girlanden verzierten Decke. »Mein Theater«, denke ich. Auch die Brüstungen der drei Ränge weisen vergoldete Stuckarbeiten auf. Ich erinnere mich, wie mich Thomas darauf hinwies, dass es nur im ersten und zweiten Rang an jeder Seite fünf beziehungsweise sechs Logen gibt.

Wir lassen uns verzaubern von dem Singspiel und Märchen *Der Bauer als Millionär* von Ferdinand Raimund, der wie Nestroy das Alt-Wiener Volkstheater vertrat. Zusammen mit Joseph Drexler schrieb er auch die Musik. Das bekannteste Lied daraus ist »Brüderlein fein«. Raimund spielte auch selbst den Bauern Fortunatus Wurzel.

In der Pause gehen wir hinüber in die Sträußelsäle, die als Foyer genutzt werden, in denen aber auch Matineen, Empfänge oder Präsentationen stattfinden. Eleganz verbreiten die hellen, geräumigen, verschieden gestalteten Säle, wie der Saal mit Kassettendecke und biedermeiergrünen Wänden. Der Saal mit bemalter Decke, Porträts an den Wänden, Wandlampen an Säulen, weißen Flügeltüren und hohen Fenstern mit roten Vorhängen erinnert er einen Besucher an den Dogenpalast in Venedig.

Wir gehen zurück zu unseren Plätzen, tauchen wieder ein in Raimunds Feenwelt, bewundern die Schauspieler und applaudieren begeistert.

Was für ein schöner Abend, stellen wir beide fest, als wir noch ein Glas Wein bei der »Frommen Helene« genießen, einem der Lokale nahe dem Theater.

Staatsoper
Wien
Eine versunkene Kiste

»Eine versunkene Kiste« hatten die Wiener ihr neues Opernhaus genannt, das 1869 mit Mozarts Oper *Don Juan* eröffnet wurde.

Dieses Opernhaus reiht sich ein in die Monumentalbauten am Ring wie das Kunsthistorische Museum, das Burgtheater, das Parlament. Der mittlere Hauptbau wird rechts und links von zwei schmäleren Seitengebäuden flankiert. Die Fassade mit Rundbögen im Renaissancestil und einer inzwischen verglasten Loggia, über der sich zwei geflügelte Pferde befinden, zieren außerdem fünf Bronzestatuen auf Podesten in den Arkadenbögen der Loggia.

1860 schrieb die Stadt Wien einen Wettbewerb für den Bau eines Opernhauses aus, den die beiden Architekten August Sicard von Sicardsburg und Eduard van der Nüll gewannen. Sicard und Nüll hatten sich während ihres Studiums am Polytechnikum Wien kennengelernt, unternahmen ausgedehnte Reisen nach Italien, Frankreich, Norddeutschland und England. Beide erhielten eine Professur an der Wiener Akademie und vertraten die Architektur des »Spätromantischen Historismus«. Beim Bau des Opernhauses vertrat Sicard mehr den technischen Bereich, Nüll den künstlerischen.

1863 wurde der Grundstein gelegt, 1869 fand die Eröffnung in Anwesenheit von Kaiser Franz Joseph und Kaiserin Elisabeth statt. Vor Beginn der Vorstellung sprach die Hofschauspielerin Charlotte Walter einen Prolog des damaligen Intendanten Franz Dingelstedt.

Die Öffentlichkeit übte heftigste Kritik an diesem Gebäude, und es begann eine gehässige Pressekampagne. Da während der Bauarbeiten das Straßenniveau um einen Meter gehoben wurde, wirkte der Bau der Oper als zu tief gesetzt, eben als »versunken«. Spott und Hohn führten zum Selbstmord von Nüll. Zehn Wochen später starb Sicard an einem Herzinfarkt. Als Kaiser Franz Joseph vom Tod der beiden Architekten erfuhr, bereute er, sich ebenfalls negativ über das Opernhaus geäußert zu haben. Von da an soll er beim Betrachten von Kunst nur noch stereotyp gesagt haben: »Es war sehr schön, es hat mich sehr gefreut.«

Ende des Zweiten Weltkriegs geriet die Oper durch Bombardierung in Brand, Bühne und Zuschauerränge wurden Opfer der Flammen. Treppenaufgang, Foyer und Loggia blieben jedoch erhalten. Man begann gleich mit der Beseitigung der Schuttmassen. Wie der Stephansdom sollte die Staatsoper sofort wieder aufgebaut werden. Am 5. November 1955 wurde das Opernhaus mit Beethovens *Fidelio* neu eröffnet.

Einmal hatte ich Thomas wohl zu spät mitgeteilt, dass ich wieder im Zug nach Wien sitze. Für den Besuch der Aufführung *Ariadne auf Naxos* in der Staatsoper gab es nur noch Plätze zu unerschwinglichen Preisen oder in der Galerie. Wir wählten zwei Plätze in der Galerie. Dabei erfuhr ich von Thomas die Mitteilung des Theaters, dass sich die besten Plätze in der Galerie Mitte, Reihe zwei, Platz 36 und 37 befinden. Beschwingt stiegen wir hinauf in den Olymp. Prunkvolle Räume bestimmen das Innere des Opernhauses.

Zwischen der glanzvollen »Feststiege« und der Mittelloge befindet sich der Teesalon, zu dem einst nur Besucher des Kaiserhofs Zugang hatten. Bei der Feststiege befinden sich in Medaillons die Porträts von Sicard und Nüll. Thomas weist mich auf die sieben Statuen im Treppenhaus hin, welche die sieben freien Künste darstellen. Das »Schwindfoyer«, erfahre ich, enthält Gemälde von Moritz von Schwind, die sich auf Opern beziehen, die jedoch heute nicht mehr gespielt werden. Das Deckengemälde im Treppenhaus stellt Fortuna dar, wie sie ihre Gaben ausstreut.

Als wir unsere Plätze eingenommen haben, sind wir erstaunt über den umfassenden Blick in den Zuschauerraum von hier oben, dessen Dekor relativ dezent gehalten ist. Umso interessanter wirkt der Eiserne Vorhang. In jeder Saison erhält er ein anderes Gemälde, das Künstler wie Maria Lassig, Cy Twombly, David Hockney oder Martha Jungwirth zum Beispiel gestaltet haben.

Dieser Innenraum ist gegliedert in Parterre, Stehparterre und Parterrelogen. Hinzu kommen zwei Ränge, ein Balkon mit sechs Reihen und unsere Galerie mit ebenfalls sechs Reihen. Insgesamt gibt es etwa 1700 Sitzplätze und etwa 560 Stehplätze.

Während die Musiker ihre Instrumente stimmen, deutet Thomas auf den Souffleurkasten. »Man erzählt sich, dass eine Souffleuse einen besonders heftig von Lampenfieber geplagten Tenor beruhigen konnte. Sie flüsterte ihm nicht nur den Text und den Einsatz zu, sondern ermutigte ihn auch mit Worten wie «Ruhig, ganz ruhig« oder »Auf jetzt zum hohen C«.

Was für eine liebenswerte Geschichte, denke ich.

In der Pause flanieren wir im Treppenhaus, betrachten das elegant gekleidete Publikum, als mich Thomas fragt, ob ich vielleicht noch eine Anekdote hören möchte.

»Da gibt es die Geschichte von einem leicht cholerischen Tenor und einem sehr selbstbewussten Sopran. Als der Tenor zu einem langgezogenen Ton ansetzte, beendete die Diva ihren zuvor begonnenen, ebenfalls langen Ton nicht. Empört verließ der Tenor die Bühne und teilte dem Opernchef mit, dass er nicht mehr auftreten werde. Der Leiter des Theaters gab ihm den Rat, wenn er im folgenden Akt die Dame küssen muss, soll er doch zubeißen. Beschwingt betrat er wieder die Bühne – er soll weder geküsst noch gebissen haben.«

»Ich bin neugierig, was uns heute noch erwartet!«, bemerke ich, als wir langsam wieder nach oben gehen und unsere Galerieplätze einnehmen.

Die Staatsoper, deren Geschichte so belastend begann, zählt heute zu den bedeutendsten Opernhäusern der Welt. Unter Herbert von Karajan hat man begonnen, die Opern in der Originalsprache aufzuführen. Da sich unter ihm eine enge Zusammenarbeit mit der Mailänder Scala entwickelte, traten die Mitglieder der Wiener Staatsoper nun auch in Mailand auf.

Berühmt ist die Oper zudem für ihr Staatsballett, den Chor und das Orchester. Aus dem Wiener Staatsopernorchester entstanden als eigenes Orchester die Wiener Philharmoniker, die mit dem Wiener Neujahrskonzert Millionen von Menschen in aller Welt begeistern. Unzertrennlich mit der Staatsoper verbunden ist der Opernball, der jedes Jahr am letzten Donnerstag im Fasching stattfindet. Einschließlich der Mitarbeiter und der Darsteller nehmen insgesamt siebentausend Personen an diesem Ereignis teil.

Teatro Amazonas
Manaus
Ein Holländer fliegt über den Urwald

Grüne Wälder, soweit der Blick reicht, ineinander verschlungene Wasserläufe und irgendwo hier mitten im Dschungel von Manaus das Teatro Amazon. Nur zu erreichen mit dem Schiff oder dem Flugzeug. Ich fliege über den Urwald Brasiliens und setze auf der Start- und Landebahn des Flughafens auf, hineingeschlagen in eine tiefgrüne Wildnis.

Sehr rasch befinde ich mich dann im Dschungel der Großstadt Manaus, der Hauptstadt des Bundesstaates Amazonas, die 1669 gegründet wurde. Ihr Name soll an die indigenen Manáos-Völker erinnern. In dieser Stadt, mitten im größten Regenwald der Welt, gibt es nicht nur eine Vielzahl von Jugendstilbauten, eine Kathedrale oder einen Ökopark – hier steht auch ein prächtiges Theater. Völlig überrascht blicke ich auf diesen Bau, errichtet im Stil der italienischen Renaissance. Die rosa Fassade mit schlanken weißen Säulen, Rundbögen und schmalen hohen Fenstern erinnert an die Paläste am Canal Grande in Venedig. Gekrönt wird der Bau von einer gefliesten Kuppel mit Motiven in den Farben der brasilianischen Flagge.

Ein Abgeordneter hatte 1881 die Idee, im amazonischen Urwald ein Theater zu bauen und Manaus zu einem Kulturzentrum zu machen. Zwei Jahre später wurde ein Architekturbüro in Lissabon mit dem Bau beauftragt. Doch aufgrund endloser Debatten über die Finanzierung verzögerte sich der Beginn, und als man schließlich doch damit begonnen hatte, ruhten nach kurzer Zeit aus den gleichen Gründen die Arbeiten drei Jahre lang, bis 1896. Für dieses Theater hatte man Architekten, Baumeister und Künstler aus ganz Europa geholt. Für die Gestaltung des Äußeren war der Italiener Enrico Mazolau zuständig, für die Innenausstattung der in Paris lebende Brasilianer Crispim do Amaral.

Staunend betrachte ich den festlichen Zuschauerraum, der Platz für 700 Besucher bietet. Das Mobiliar im Stil Louis XV stammt aus Paris. Die Stühle im Parkett, in den Logen und Rängen sind mit rotem Samt bezogen. Von den 198 Lüstern und Kronleuchtern sind 32 aus Murano-Glas. Der Vorhang ist mit einem Bild von Crispim do Amaral geschmückt, das die Vereinigung des Rio Negro mit dem Fluss Solimoes zeigt, was zur Bildung des Amazonas führt. »Zum Ruhm der schönen Künste« heißt das Deckengemälde von Domenico de Angelis im Zuschauerraum. Die Treppen, Säulen und Marmorstatuen aus Carrara-Marmor verleihen dem Theater Eleganz. Prunkvoll ist auch das Foyer, der Ballsaal, in dem tatsächlich getanzt wurde. Es wundert mich nicht, dass die Fertigstellung dieses Theaters insgesamt siebzehn Jahre gedauert hat. Am 31. Dezember 1896 wurde das Teatro Amazonas schließlich eingeweiht. Aufgrund technischer Probleme musste die Aufführung von Amilcare Ponchiellis Oper *La Gioconda*, die für die Einweihungsfeier geplant war, auf den 7. Januar 1897 verschoben werden.

Diese Details erfahre ich von dem Stadtführer Claudio, der mit großem Stolz die Entstehung des Theaters ausführlich erzählt. Während seiner Ausführungen frage ich mich, welche Sänger an jenem 7. Januar aufgetreten sind und welches Orchester gespielt hat. Gab es denn Opernsänger in Manaus, wenn gar kein Theater existierte? Mit verschmitztem Lächeln erklärt Claudio, dass man Orchester und Ensemble aus Italien eingeflogen hat. Und das wurde Tradition! Die reichen Kautschukbarone ließen für ihre Familien oder für ein Fest wegen einer einzigen Opernaufführung Musiker nach Manaus bringen. Caruso allerdings hat nie in Manaus gesungen. Er befürchtete, an Malaria zu erkranken.

Kautschuk war die Quelle für den unsagbaren Reichtum in jenen Jahren geworden. Produktion und Handel ließen Manaus zur reichsten Stadt Südamerikas werden. Die Oberschicht lebte in unbeschreiblichem Luxus. Es entstanden prunkvolle Bauten, nicht nur das Teatro Amazonas. Der technische Fortschritt ermöglichte außerdem Elektrizität, den Bau von Straßen und einer Straßenbahn. Manaus sollte das Abbild einer europäischen Stadt werden und hieß tatsächlich bald »Paris der Tropen«. Viele Europäer zog es im Laufe der Jahre hierher, deren Liebe zur Musik und der Malerei großen

Einfluss auf die Stadt hatte. Dann fiel der Preis für Kautschuk. Das war auch das Ende des Teatro Amazonas. 1907 fand die letzte Aufführung statt.

In den 20er Jahren versuchte man, das Theater zu sanieren, das auch wegen hoher Luftfeuchtigkeit und Termiten immer mehr verfiel. In den 70er Jahren veranlasste der Gouverneur eine gründliche Renovierung, baute eine Klimaanlage ein und einen modernen Orchestergraben. Ende des 20. Jahrhunderts erkannte ein neu gewählter Gouverneur, was für ein Juwel er in seiner Stadt hatte und beschloss, dem Theater seinen alten Glanz zurückzugeben. Es gelang ihm auch, seinen Traum von einem hochqualifizierten Orchester, einem Chor und einem Ballett zu verwirklichen. Vor allem aus Osteuropa kamen viele Musiker nach Manaus, zumal er ihnen ein hohes Einkommen zusicherte. 1990 wurde das Theater mit Placido Domingo neu eröffnet – nach fast über achtzig Jahren Stillstand. Zum hundertjährigen Bestehen gab José Carreras ein Konzert, zu dem Tausende von Besuchern anreisten.

Obwohl es in Manaus inzwischen einheimische Musiker und Musikschulen gab, fanden nach der glanzvollen Neueröffnung kaum noch Vorstellungen statt, denn die meisten Bewohner von Manaus konnten sich eine Theater- oder Konzertkarte nicht leisten. In den letzten Jahren setzte allerdings eine Erneuerung ein, denn es werden nun auch kostenlose Eintrittskarten angeboten. Inzwischen gibt es die Amazonas Philharmonie und den Amazonaschor. In Begleitung mit diesen Musikern hat Placido Domingo auf einer Fähre auf dem Rio Negro ein Konzert gegeben. Mitten im

Urwald aufzutreten, war für ihn ein völlig neues und sehr emotionales Erlebnis. Jetzt gibt es neben Opernaufführungen, Sinfoniekonzerten und Balletts auch Festivals. Michael Jelden, deutscher Musiker, Arzt, und Sprachwissenschaftler, gründete 1996 das »Festival de Manaus«, das heute das größte Musikfestival Lateinamerikas ist. Zwei Jahre lang war er dessen künstlerischer Leiter und Manager, ehe er es dem brasilianischen Staat übergab.

Erneut bekannt wurde das Teatro Amazonas auch durch Werner Herzogs Film *Fitzcarraldo*, den er 1982 mit Klaus Kinski gedreht hatte.

Die ungewöhnlichste Opernaufführung, die 2007 im Teatro Amazonas stattfand, war wohl Richard Wagners *Fliegender Holländer* in der Inszenierung von Christoph Schlingensief. Mehrere Wochen verbrachte er im Dschungel, um Filmaufnahmen zu drehen. Er fuhr auf einem Dampfer auf dem Rio Negro, drehte in einem zerfallenen Kloster eine Messe im Regenwald mit einem Männerchor in der Tracht von Nonnen, um den Sambatänzerinnen herumschwirrten. Das Orchester war ganz in Weiß gekleidet. Diese Aufnahmen wurden dann während der Aufführung auf Stoffen und Wänden gezeigt.

Teatro Municipal
Santiago de Chile
Nussknackers Tanz in den Anden

»Ich konnte noch zwei Karten für den *Nussknacker* bekommen!«

»Was ziehen die Besucher in Santiago an, wenn sie ins Theater gehen?«

Meine Freude war groß, doch mein Reisegepäck beschränke ich stets nur auf das Notwendigste.

»Die Bewohner Santiagos kleiden sich elegant, Touristen kommen in Jeans und Turnschuhen.«

Ich zähle mich zu den Bewohnern und wähle das platzsparende kleine Schwarze. Seit einigen Wochen wohne ich bei meiner Cousine im gepflegten Stadtteil Las Condes.

Mit der Metro fahren wir von der Station Alcantara ins Zentrum. Die Züge sind in Santiago sauber und geschmackvoll ausgestattet. Sie werden ständig gekehrt und geputzt, wie auch die Bahnsteige und die Treppen. Manchmal steigen zwei Musiker an einer Haltestelle ein, spielen auf einer kleinen Ziehharmonika und einer Gitarre fröhlicher Lieder, gehen dann mit einem Hut durch den Waggon. Kaum jemand wirft eine Münze hinein. An der Station Universidade de Chile, mitten im historischen Zentrum, steigen wir aus. Es ist Weihnachtszeit. Auch in Santiago glitzert und funkelt es. Der meterhohe Weihnachtsbaum zeigt 37 Grad Celsius. Zu Fuß erreichen wir das weiße klassizistische Theater mit seinen hohen Rundbögen.

1853 war auf Veranlassung des Präsidenten der Bau eines Theaters geplant, zumal sich Santiago um diese Zeit zu einer bedeutenden Stadt entwickelte. Der französisch-chilenische Architekt Claudio Brunet des Baines sowie der französisch-chilenische Ingenieur Felipe Charem de l'Isle wurden mit der Errichtung des Theaters beauftragt. Die beiden schufen einen Bau im Stil des französischen Klassizismus, den ein Team nach dem Tod des Baines fortsetzte. Zu dieser Gruppe gehörte auch Charles Garnier, der Architekt der Opéra National de Paris.

Mit Verdis *Ernani* konnte das Theater am 17. September 1857 eröffnet werden. Ähnlich wie bei der Premiere im Teatro Amazonas reiste ein italienisches Ensemble für diesen Anlass nach Santiago. Nur drei Jahre später zerstörte ein Brand das Opernhaus fast völlig. Sowohl die italienische Regierung wie auch die wohlhabende Oberschicht Chiles setzten sich für eine umgehende Rekonstruktion ein. 1873 fand die Wiedereröffnung statt, dieses Mal mit Verdis Oper *Die Macht des Schicksals.* Das Teatro Municipal blieb von weiteren Unbillen nicht verschont. Ein verheerendes Erdbeben 1906 zerstörte den größten Teil des Innenraums. 1927 folgte erneut ein schwerer Brand.

In den 1950er Jahren reduzierte man die Sitzplätze auf 1500, doch gleichzeitig erfolgte eine moderne und prächtige Innenausstattung. Um diese Zeit wurden auch das Santiago Philharmonie-Orchester, Chor und Ballett gegründet.

Wir betreten die elegante Eingangshalle des Theaters. Wie eine Fortsetzung der Fassade wirken die weißen Wände und die weiße Decke. Einen Kontrast dazu bilden die dunkle Leuchter haltenden Statuen, während der schwarz-weiße Marmorfußboden die Gegensätze vereint. Als wir unsere Plätze im Parkett einnehmen, fällt mir sofort die Eleganz des Publikums auf. Man unterhält sich noch mit den Sitznachbarn, begrüßt Freunde und Bekannte. Die eine oder andere Dame streicht dabei diskret über ihre Pelzstola oder die perfekt sitzende Frisur. Der Innenraum verbreitet eine festliche Atmosphäre. Die Brüstungen der Ränge glänzen weiß, die Wände der Logen sind mit rotem Samt verkleidet. Von der bemalten Decke funkelt ein Kronleuchter. Erwartungsvoll blicke ich auf den roten Vorhang mit den goldenen Bordüren. Geheimnisvolle Dunkelheit breitet sich aus, der Dirigent eilt herein. Applaus. Der Vorhang hebt sich langsam, sehr langsam. Ich blicke auf einen glänzend geschmückten Tannenbaum in einem Wohnzimmer aus längst vergangenen Zeiten, in dem sich ein Nussknacker in einen bildschönen Prinzen verwandelt. In einem Tannenwald tanzen Schneeflocken, aus einer riesigen Torte steigt eine Königin. Auf einem rauschenden Fest treten Tänzer und Akrobaten aus den verschiedensten Erdteilen und Ländern auf.

Tschaikowskys *Nussknacker*, dessen Libretto letztlich auf E. T. A. Hoffmanns Märchen *Nussknacker und Mäusekönig* beruht, stieß bei der Uraufführung 1892 in Petersburg auf geteilte Kritik. Die Musik fand großen Beifall, das Libretto jedoch hielt man eher für unsinnig und albern. Heute ist der Nussknacker eines der beliebtesten Ballette und wird auf der ganzen Welt aufgeführt – meist in der Weihnachtszeit.

Das Teatro Municipal ist bekannt für seine Ballettaufführungen, vor allem dank der berühmten brasilianischen Tänzerin und Choreografin Marcia Haydée. Nach erstem Engagement in Rio de Janeiro kam sie nach Stuttgart, wo sie unter John Cranko Primaballerina wurde. Zwei Jahre nach dessen Tod übernahm sie die Leitung des Balletts. Als Direktorin arbeitete sie mit international berühmten Tänzern und Choreografen zusammen wie Maurice Béjart oder John Neumeier und schuf auch eigene Choreografien. Zwei Jahre lang leitete sie nicht nur die Ballettkompagnie in Stuttgart, sondern auch die in Santiago. Dann verabschiedete sie sich von der württembergischen Metropole und widmete sich bis 2020 allein dem Ballett des Teatro Municipal.

Nicht nur große Opern und Ballette findet man auf dem Spielplan des Stadttheaters von Santiago. Es ist auch berühmt für seine Konzerte. Zu den bedeutendsten Pianisten, die im Opernhaus auftraten, gehörte der Chilene Claudio Arrau, auch wenn seine Auftritte selten stattfanden. Während des Zweiten Weltkriegs emigrierte er in die USA, von wo aus er zahlreiche

Tourneen unternahm. In Chile gab er 1967 noch zwei Konzerte dann betrat er sein Land siebzehn Jahre lang nicht mehr. Er lehnte sowohl die Herrschaft Allendes als auch die Pinochets ab. Erst 1984 gab er zum ersten Mal wieder ein Konzert im Opernhaus von Santiago.

Heute gibt es eine Reihe von Theateraufführungen an ganz verschiedenen Spielstätten in der Stadt. Bekannt geworden ist auch das 2004 gegründete »Teatro a Mil«, ein internationales Festival, das darstellende Kunst in ganz Chile zeigen möchte.

Teatro Colón
Buenos Aires
Der Fluch auf dem Colón

Während meines begrenzten Aufenthaltes in Buenos Aires erfahre ich in der Información Turistica, dass die Saison im Teatro Colón leider schon beendet sei. Die freundliche und hilfsbereite Dame weist mich jedoch auf die Führungen hin, die dort stattfinden und die ich unbedingt wahrnehmen solle, denn das Colón sei ja ein weltberühmtes Theater.

Zunächst gehe ich in das nahegelegene, auch sehr berühmte Café Tortoni, setze mich an einen der weißen Marmortische und genieße die ganz besondere Atmosphäre dieses Hauses, das die vergangenen Zeit der Belle Epoque bewahrt. Dezent fragt mich der ältere Ober nach meinen Wünschen. Ich entscheide mich für einen Café con leche und drei medialunas, croissants, wie mir mit einem nachsichtigen Lächeln erklärt wird. Ich werfe einen Blick auf meinen Stadtplan und beschließe, zu Fuß zum Teatro Colón zu gehen, das zu Ehren von Christoph Columbus so benannt wurde, dessen Name im Spanischen Cristóbal Colón heißt.

Aufmerksam betrachte ich das mächtige helle Gebäude, das als Symbol für den hohen kulturellen Standard von Buenos Aires gilt. In den 20er Jahren des vergangenen Jahrhunderts nannte man die Hauptstadt Argentiniens »Paris Lateinamerikas«. Der Bau ist gegliedert in Erdgeschoss, eine erste Etage mit hohen schmalen Türen. Über der dritten fensterlosen erhebt sich ein schlicht gehaltener Giebel, der an einen griechischen Tempel erinnert.

Dieses Theater vor mir ist nicht das erste Opernhaus von Buenos Aires. An der Plaza de Mayo stand ein eher bescheidenes Gebäude. Als Argentinien sich zu einem immer reicheren Land entwickelte, wünschte man sich in der Hauptstadt ein prächtiges Theater, das dem Wohlstand entsprach. 1888 erließ der Nationalkongress eine öffentliche Ausschreibung. Mehrere Architekten waren dann am Bau des Colón beteiligt. Doch es sollten zwanzig Jahre vergehen, ehe das Theater eröffnet werden konnte. Der italienische Musiker und Opernimpresario Angelo Ferrari stellte den Entwurf des italienischen Architekten Francesco Tamburini vor. 1890 wurde der Grundstein gelegt. Doch in diesem Jahr starb Tamburini im Alter von 44 Jahren. Ein weiterer italienischer Architekt, Vittorio Meano, übernahm nun die Bauleitung. Da 1894 die Baufirma bankrott ging, konnte die nächsten acht Jahre nicht weitergebaut werden. Als Meano 1904 mit ebenfalls 44 Jahren starb, wahrscheinlich als Opfer eines Mordanschlags, übernahm der belgische Architekt Julio Dormal die Leitung, wobei er sehr viel von den ursprünglichen Plänen der italienischen Architekten verwarf.

Wegen finanzieller Schwierigkeiten verzögerte sich der Bau weiterhin. Deshalb verkaufte man die besten Logenplätze an sehr wohlhabende Familien auf Lebenszeit – eine Idee, die sich als Erfolg erwies. Am 25. Mai 1908 konnte schließlich das Teatro Colón mit Verdis *Aida* eröffnet werden. Für viele Bewohner von Buenos Aires liegt jedoch ein Fluch auf dem Theater, »la maledicion del Colón«, weil die Architekten Tamburini und Meano beide vor der Einweihung starben, beide mit 44 Jahren.

Eine attraktive junge Kunststudentin in rotem T-Shirt, weißem Minirock und weißen Turnschuhen heißt unsere kleine Besuchergruppe am Eingang des Theaters herzlich willkommen. Sehr rasch einigen wir uns auf die Sprache Spanisch während der Führung.

»Notfalls helfe ich mit Englisch nach«, fügt Monica beruhigend hinzu und streicht ihre offenen schwarzen Haare zurück. Wir schreiten auf dem roten Teppich die breite Eingangstreppe aus Carrara-Marmor hinauf, tasten ab und zu an das helle Geländer mit den zwei Löwenköpfen und erreichen das große, prachtvolle Foyer mit einer Vielzahl an Säulen und Rundbogenfenstern. Monica weist auf die Decke des Foyers, die eine achteckige reich verzierte Kuppel aus Kristall schmückt, die in Paris angefertigt wurde. Dargestellt sind acht Musen, welche die Besucher einladen, in die Welt der Künste einzutauchen. Dann betreten wir den hufeisenförmigen Zuschauerraum, errichtet im Stil der italienischen Neo-Renaissance und des französischen Barock, prächtig ausgestattet in Rot und Gold. Die

Sitze aus Schmiedeeisen und Holz im Parkett sind mit rotem Samt bezogen, die Brüstungen der fünf Ränge mit verschiedenen Leuchten und vergoldeten Reliefs verziert. Rosa Brokatvorhänge in den Logen trennen, wie wir erfahren, einen Vorraum mit Garderobe, Spiegel und Stühlen. Nach Wunsch kann man den Vorhang öffnen oder schließen. Nun weist uns Monica auf die Kuppel hin. Wie wir erfahren, enthielt diese einst ein Gemälde, das jedoch durch Feuchtigkeit zerstört wurde. Man beauftragte den Künstler Raúl Soldi mit einem neuen Gemälde, das am 25. Mai 1966 mit Ottorino Respighis Orchesterwerk *Antiche Danze ed Arie* eingeweiht wurde. In der Mitte der Kuppel befindet sich in Form einer Halbkugel ein Kronleuchter mit 700 Glühbirnen. Monica lächelt verschmitzt und verrät uns etwas ganz Besonderes.

»In dieser Kuppel befindet sich ein Gang; man kann dort richtig umhergehen! Aus diesem Gang heraus können Geräusche in den Zuschauerraum geschickt werden, zum Beispiel Gelächter, Schluchzen, Weinen, Glockengeläut.« Fasziniert blicken wir nach oben.

»Das Teatro Colón ist für seine Akustik weltberühmt«, ergänzt Monica.

Ich denke an die Scala in Mailand. Auch dort hat die Kuppel eine Aufgabe. Allerdings soll sie nur für gute Belüftung sorgen.

Nicht nur die Decke sei im Colón interessant, auch die drei Kellergeschosse bieten Erstaunliches, erklärt uns Monica weiter. In verschiedenen Werkstätten werden die Kulissen für die Aufführungen hergestellt, Tausende von Kostümen, Perücken und Schuhen aufbewahrt. Unter den sorgfältig gestapelten Schuhen befinden sich auch die von Rudolf Nurejew, die er bei der Ballettaufführung von Tschaikowskys *Nussknacker* trug.

Monica führt uns in weitere Räume. Wir bewundern den »Salón Dorado«, den »Goldenen Saal«, ein prachtvoller Raum mit vergoldeten Stuckarbeiten, kannelierten Säulen, Buntglasfenstern, Spiegeln, einer kreisförmigen Deckenleuchte. Hier finden Ausstellungen, Konferenzen und vor allem Konzerte statt, inzwischen auch mit Tangomusik. Daniel Barenboim spielte schon hier auf dem Klavier Tangomusik, begleitet von einem Bandeonspieler.

In der »Büstengallerie« betrachten wir berühmte Künstler, die seit der Einweihung des Theaters hier aufgetreten sind: Sänger wie Caruso, Maria Callas, José Carreras, Luciano Pavarotti oder Placido Domingo und Dirigenten wie Igor Strawinsky, Arturo Toscanini, Richard Strauss, Leonard Bernstein oder Simon Rattle.

»Von Toscanini wird erzählt«, berichtet uns Monica amüsiert, »dass er während einer Probe über das schlechte Spiel des Klarinettisten verärgert war und die Probe verließ. Der Leiter des Theaters folgte ihm und bat ihn, seine Entscheidung zu überdenken. Toscanini kehrte zurück. Doch nun war der Klarinettist zutiefst beleidigt und wollte nicht mehr spielen.« Wir wollten wissen, wie die Geschichte weiterging. Aber das verrät uns die junge Studentin nicht. Monica bekennt mit großem Bedauern, dass das Theater im Laufe der Jahre durch mangelhafte Wartung und Regen sehr heruntergekommen war. 2006 musste es wegen Renovierungsarbeiten geschlossen werden. Da um diese Zeit große wirtschaftliche und politische Probleme entstanden, konnte nur in Abständen renoviert werden. Erst am 24. Mai 2010 wurde das Colón am Tag der 200-Jahr-Feier der argentinischen Unabhängigkeit mit einem Galakonzert wiedereröffnet. Das Orchester spielte Tschaikowskys *Schwanensee* und den zweiten Akt aus Puccinis *La Bohème*.

Langsam steigen wir wieder die elegante Marmortreppe hinab. Monica hält kurz inne und informiert uns darüber, dass dieses Theater über drei Orchester verfügt: ein Opernorchester, ein Philharmonisches Orchester und ein Nachwuchsorchester. Von großer Bedeutung seien auch das Corps de Ballett, der Chor und die Nachwuchsausbildung für künftige Künstler.

Wir bedanken uns herzlich für diese umfassende Führung.

»Versäumen Sie nicht den Besuch einer Tangoshow«, sagt sie noch lachend und winkt uns nach.

Ich verlasse die Plaza Lavalle, biege in eine der Seitenstraßen ein und beschließe, den heutigen Abend mit Musik, dramatischem Tango, gutem Essen und argentinischem Rotwein zu verbringen.

Quellenangaben

1 Leoluca, Orlando, *Ich sollte der Nächste sein*, Verlag Herder, Freiburg im Breisgau 2002, S. 77

2 Goethe, Johann Wolfgang, *Italienische Reise*, Verlag C. H. Beck, München 1981, S. 53

3 Hänsch, Wolfgang, *Die Semperoper*, VEB Verlag für Bauwesen, Berlin. DDR 1986, S. 86

Quellenangaben: Abbildungen, Fotos

Titelfoto: *Scala Milano*, © Amro, AdobeStock.com

Umschlagklappe Titel: *›Teatro alla Scala‹ in the Piazza della Scala, Milan*, Zeichnung 19. Jahrhundert Künstler unbekannt, gemeinfrei

Seite 5, Abb.: *Meer bei Palermo*, Pastell, 29,7 x 42 cm
© Ulrike Rauh

Umschlagklappe Rücktitel, Porträtfoto Autorin:
© Bischof & Broel, Nürnberg

Impressum

1. Auflage 2023

Literaturverlag Josefine Rosalski, Berlin
www.edition-karo.de
13467 Berlin

Gesetzt im Verlag aus der Bell MT
Druck und Verarbeitung: Bookpress.eu Olsztyn, PL
ISBN 978-3-945961-30-8

Bibliografische Information der Deutschen Nationalbibliothek. Die Deutsche Nationalbibliothek verzeichnet diese Publikation in der Deutschen Nationalbibliografie: detaillierte bibliografische Daten sind im Internet über www.dnb.d-nb.de abrufbar.
Ulrike Rauh, THEATER LADEN EIN – Historie und Anekdoten weltberühmter Opernhäuser und Theater
Literaturverlag Josefine Rosalski, Berlin 2023